CINESE
VOCABOLARIO

PER STUDIO AUTODIDATTICO

ITALIANO - CINESE

Le parole più utili
Per ampliare il proprio lessico e affinare
le proprie abilità linguistiche

3000 parole

Vocabolario Italiano-Cinese per studio autodidattico - 3000 parole

Di Andrey Taranov

I vocabolari T&P Books si propongono come strumento di aiuto per apprendere, memorizzare e revisionare l'uso di termini stranieri. Il dizionario si divide in vari argomenti che includono la maggior parte delle attività quotidiane, tra cui affari, scienza, cultura, ecc.

Il processo di apprendimento delle parole attraverso i dizionari divisi in liste tematiche della collana T&P Books offre i seguenti vantaggi:

- Le fonti d'informazione correttamente raggruppate garantiscono un buon risultato nella memorizzazione delle parole
- La possibilità di memorizzare gruppi di parole con la stessa radice (piuttosto che memorizzarle separatamente)
- Piccoli gruppi di parole facilitano il processo di apprendimento per associazione, utile al potenziamento lessicale
- Il livello di conoscenza della lingua può essere valutato attraverso il numero di parole apprese

T&P Books Publishing
www.tpbooks.com

ISBN: 978-1-78314-953-7

Questo libro è disponibile anche in formato e-book.
Visitate il sito www.tpbooks.com o le principali librerie online.

VOCABOLARIO CINESE
per studio autodidattico

I vocabolari T&P Books si propongono come strumento di aiuto per apprendere, memorizzare e revisionare l'uso di termini stranieri. Il vocabolario contiene oltre 3000 parole di uso comune ordinate per argomenti.

* Il vocabolario contiene le parole più comunemente usate
* È consigliato in aggiunta ad un corso di lingua
* Risponde alle esigenze degli studenti di lingue straniere sia essi principianti o di livello avanzato
* Pratico per un uso quotidiano, per gli esercizi di revisione e di autovalutazione
* Consente di valutare la conoscenza del proprio lessico

Caratteristiche specifiche del vocabolario:

* Le parole sono ordinate secondo il proprio significato e non alfabeticamente
* Le parole sono riportate in tre colonne diverse per facilitare il metodo di revisione e autovalutazione
* I gruppi di parole sono divisi in sottogruppi per facilitare il processo di apprendimento
* Il vocabolario offre una pratica e semplice trascrizione fonetica per ogni termine straniero

Il vocabolario contiene 101 argomenti tra cui:

Concetti di Base, Numeri, Colori, Mesi, Stagioni, Unità di Misura, Abbigliamento e Accessori, Cibo e Alimentazione, Ristorante, Membri della Famiglia, Parenti, Personalità, Sentimenti, Emozioni, Malattie, Città, Visita Turistica, Acquisti, Denaro, Casa, Ufficio, Lavoro d'Ufficio, Import-export, Marketing, Ricerca di un Lavoro, Sport, Istruzione, Computer, Internet, Utensili, Natura, Paesi, Nazionalità e altro ancora ...

INDICE

GUIDA ALLA PRONUNCIA

Lettera	Esempio cinese	Alfabeto fonetico T&P	Esempio italiano
a	tóufa	[a]	macchia
ai	hǎi	[aɪ]	marinaio
an	bèipàn	[an]	pranzare
ang	pīncháng	[ɑ̃]	[a] nasale
ao	gǎnmào	[aʊ]	autunno
b	Bànfǎ	[p]	pieno
c	cǎo	[tsh]	[ts] aspirate
ch	chē	[tʂh]	[tsch] aspirate
d	dǐdá	[t]	tattica
e	děngjì	[ɛ]	centro
ei	běihǎi	[eɪ]	seicento
en	xúnwèn	[ə]	soldato (dialetto foggiano)
eng	bēngkuì	[ə̃]	[e] nasale
er	érzi	[ɛr]	albergo
f	fǎyuàn	[f]	ferrovia
g	gōnglǜ	[k]	cometa
h	hǎitún	[h]	[h] aspirate
i	fēijī	[iː]	scacchi
ia	jiā	[jɑ]	piazza
ian	kànjiàn	[jʌn]	pianeta
ie	jiéyuē	[je]	pietra
in	cónglín	[iːn]	pedina
j	jīqì	[tɕ]	come [tch] ma più schiacciato
k	kuàilè	[kh]	[k] aspirate
l	lúnzi	[l]	saluto
m	hémǎ	[m]	mostra
n	nǐ hǎo	[n]	notte
o	yībō	[ɔ]	romanzo
ong	chénggōng	[ü]	[u] nasale
ou	běiměizhōu	[ɔʊ]	snowboard
p	pào	[ph]	[p] aspirate
q	qiáo	[tɕh]	[j] inglese aspirate
r	rè	[ʒ]	beige
s	sàipǎo	[s]	sapere
sh	shāsǐ	[ʃ]	sci
t	tūrán	[th]	[t] aspirate
u	dáfù	[u], [ʊ]	prugno
ua	chuán	[ua]	arrivare
un	yúchǔn	[uːn], [ʊn]	puntuale
ü	lǚxíng	[y]	luccio
ün	shēnyùn	[jun]	luna

Lettera	Esempio cinese	Alfabeto fonetico T&P	Esempio italiano
uo	zuòwèi	[uɔ]	fuoco
w	wùzhì	[w]	week-end
x	xiǎo	[ɕ]	fasciatura
z	zérèn	[ts]	calzini
zh	zhǎo	[dʒ]	piangere

Note di commento

¨ 1 tono (alto e continuo)
Il primo accento (accento acuto)
Nel primo accento, la tonalità della voce rimane costante e leggermente acuta durante la pronuncia della sillaba. Esempio - mā
2 tono (ascendente)
Il secondo accento (il tono aumenta d\'intensità)
Nel secondo accento, la tonalità della voce aumenta leggermente d\'intensità mentre si pronuncia la sillaba. Esempio - má
3 tono (discendente-ascendente)
Il terzo accento (il tono grave diminuisce e aumenta d\'intensità)
Nel terzo accento, la tonalità della voce si abbassa per poi alzarsi nuovamente durante la pronuncia della stessa sillaba. Esempio - mǎ
4 tono (discendente)
Il quinto accento (tono neutro)
Nel quarto accento, la tonalità della voce si abbassa improvvisamente durante la pronuncia della sillaba. Esempio - mà
5 tono (neutro)
Il quinto accento (tono neutro)
Nel tono neutro, la tonalità della voce dipende dalla parola che si pronuncia, ma di regola si pronuncia in modo più breve e lieve rispetto alle altre sillabe. Esempio - ma

ABBREVIAZIONI
usate nel vocabolario

Italiano. Abbreviazioni

agg	-	aggettivo
anim.	-	animato
avv	-	avverbio
cong	-	congiunzione
ecc.	-	eccetera
f	-	sostantivo femminile
f pl	-	femminile plurale
fem.	-	femminile
form.	-	formale
inanim.	-	inanimato
inform.	-	familiare
m	-	sostantivo maschile
m pl	-	maschile plurale
m, f	-	maschile, femminile
masc.	-	maschile
mil.	-	militare
pl	-	plurale
pron	-	pronome
qc	-	qualcosa
qn	-	qualcuno
sing.	-	singolare
v aus	-	verbo ausiliare
vi	-	verbo intransitivo
vi, vt	-	verbo intransitivo, transitivo
vr	-	verbo riflessivo
vt	-	verbo transitivo

CONCETTI DI BASE

1. Pronomi

io	我	wǒ
tu	你	nǐ
lui	他	tā
lei	她	tā
esso	它	tā
noi	我们	wǒ men
voi	你们	nǐ men
loro (masc.)	他们	tā men
loro (fem.)	她们	tā men

2. Saluti. Convenevoli

Salve!	你好!	nǐ hǎo!
Buongiorno!	你们好!	nǐmen hǎo!
Buongiorno! (la mattina)	早上好!	zǎo shàng hǎo!
Buon pomeriggio!	午安!	wǔ ān!
Buonasera!	晚上好!	wǎn shàng hǎo!
salutare (vt)	问好	wèn hǎo
Ciao! Salve!	你好!	nǐ hǎo!
saluto (m)	问候	wèn hòu
salutare (vt)	欢迎	huān yíng
Come sta? Come stai?	你好吗?	nǐ hǎo ma?
Che c'è di nuovo?	有 什么 新 消息?	yǒu shénme xīn xiāoxi?
Arrivederci!	再见!	zài jiàn!
A presto!	回头见!	huí tóu jiàn!
Addio!	再见!	zài jiàn!
congedarsi (vr)	说再见	shuō zài jiàn
Ciao! (A presto!)	回头见!	huí tóu jiàn!
Grazie!	谢谢!	xièxie!
Grazie mille!	多谢!	duō xiè!
Prego	不客气	bù kè qi
Non c'è di che!	不用谢谢!	bùyòng xièxie!
Di niente	没什么	méi shén me
Scusa! Scusi!	请原谅	qǐng yuán liàng
scusarsi (vr)	道歉	dào qiàn
Chiedo scusa	我道歉	wǒ dào qiàn
Mi perdoni!	对不起!	duì bu qǐ!
perdonare (vt)	原谅	yuán liàng

per favore	请	qǐng
Non dimentichi!	别忘了！	bié wàng le!
Certamente!	当然！	dāng rán!
Certamente no!	当然不是！	dāng rán bù shi!
D'accordo!	同意！	tóng yì!
Basta!	够了！	gòu le!

3. Domande

Chi?	谁？	shéi?
Che cosa?	什么？	shén me?
Dove? (in che luogo?)	在哪儿？	zài nǎr?
Dove? (~ vai?)	到哪儿？	dào nǎr?
Di dove?, Da dove?	从哪儿来？	cóng nǎr lái?
Quando?	什么时候？	shénme shíhou?
Perché? (per quale scopo?)	为了什么目的？	wèile shénme mùdì?
Perché? (per quale ragione?)	为什么？	wèi shénme?

Per che cosa?	为了什么目的？	wèile shénme mùdì?
Come?	如何？	rú hé?
Quale?	哪个？	nǎ ge?
A chi?	给谁？	gěi shéi?
Di chi?	关于谁？	guān yú shéi?
Di che cosa?	关于什么？	guān yú shénme?
Con chi?	跟谁？	gēns héi?
Quanti?, Quanto?	多少？	duōshao?
Di chi?	谁的？	shéi de?

4. Preposizioni

con (tè ~ il latte)	和，跟	hé, gēn
senza	没有	méi yǒu
a (andare ~ ...)	往	wǎng
di (parlare ~ ...)	关于	guān yú
prima di ...	在 ··· 之前	zài ... zhī qián
di fronte a ...	在 ··· 前面	zài ... qián mian

sotto (avv)	在 ··· 下面	zài ... xià mian
sopra (al di ~)	在 ··· 上方	zài ... shàng fāng
su (sul tavolo, ecc.)	在 ··· 上	zài ... shàng
da, di (via da ..., fuori di ...)	从	cóng
di (fatto ~ cartone)	··· 做的	... zuò de
fra (~ dieci minuti)	在 ··· 之后	zài ... zhī hòu
attraverso (dall'altra parte)	跨过	kuà guò

5. Parole grammaticali. Avverbi. Parte 1

Dove?	在哪儿？	zài nǎr?
qui (in questo luogo)	在这儿	zài zhèr
lì (in quel luogo)	那儿	nàr

da qualche parte (essere ~)	某处	mǒu chù
da nessuna parte	无处	wú chù
vicino a …	在 … 旁边	zài … páng biān
vicino alla finestra	在窗户旁边	zài chuānghu páng biān
Dove?	到哪儿?	dào nǎr?
qui (vieni ~)	到这儿	dào zhèr
ci (~ vado stasera)	往那边	wǎng nà bian
da qui	从这里	cóng zhè lǐ
da lì	从那里	cóng nà lǐ
vicino, accanto (avv)	附近	fù jìn
lontano (avv)	远	yuǎn
vicino (~ a Parigi)	在 … 附近	zài … fù jìn
vicino (qui ~)	在附近，在近处	zài fù jìn, zài jìn chǔ
non lontano	不远	bù yuǎn
sinistro (agg)	左边的	zuǒ bian de
a sinistra (rimanere ~)	在左边	zài zuǒ bian
a sinistra (girare ~)	往左	wàng zuǒ
destro (agg)	右边的	yòu bian de
a destra (rimanere ~)	在右边	zài yòu bian
a destra (girare ~)	往右	wàng yòu
davanti	在前面	zài qián miàn
anteriore (agg)	前 … ，前面的	qián …, qián miàn de
avanti	先走	xiān zǒu
dietro (avv)	在后面	zài hòu miàn
da dietro	从后面	cóng hòu miàn
indietro	往后	wàng hòu
mezzo (m), centro (m)	中间	zhōng jiān
in mezzo, al centro	在中间	zài zhōng jiān
di fianco	在一边	zài yī biān
dappertutto	到处	dào chù
attorno	周围	zhōu wéi
da dentro	从里面	cóng lǐ miàn
da qualche parte (andare ~)	往某处	wàng mǒu chù
dritto (direttamente)	径直地	jìng zhí de
indietro	往后	wàng hòu
da qualsiasi parte	从任何地方	cóng rèn hé de fāng
da qualche posto (veniamo ~)	从某处	cóng mǒu chù
in primo luogo	第一	dì yī
in secondo luogo	第二	dì èr
in terzo luogo	第三	dì sān
all'improvviso	忽然	hū rán
all'inizio	最初	zuì chū
per la prima volta	初次	chū cì
molto tempo prima di…	… 之前很久	… zhī qián hěn jiǔ

di nuovo	重新	chóng xīn
per sempre	永远	yǒng yuǎn
mai	从未	cóng wèi
ancora	再	zài
adesso	目前	mù qián
spesso (avv)	经常	jīng cháng
allora	当时	dāng shí
urgentemente	紧急地	jǐn jí de
di solito	通常	tōng cháng
a proposito, …	顺便	shùn biàn
è possibile	可能	kě néng
probabilmente	大概	dà gài
forse	可能	kě néng
inoltre …	再说 …	zài shuō …
ecco perché …	所以 …	suǒ yǐ …
nonostante (~ tutto)	尽管 …	jǐn guǎn …
grazie a …	由于 …	yóu yú …
che cosa (pron)	什么	shén me
qualcosa (qualsiasi cosa)	某物	mǒu wù
qualcosa (le serve ~?)	任何事	rèn hé shì
niente	毫不，决不	háo bù, jué bù
chi (pron)	谁	shéi
qualcuno (annuire a ~)	有人	yǒu rén
qualcuno (dipendere da ~)	某人	mǒu rén
nessuno	无人	wú rén
da nessuna parte	哪里都不	nǎ lǐ dōu bù
di nessuno	无人的	wú rén de
di qualcuno	某人的	mǒu rén de
così (era ~ arrabbiato)	这么	zhè me
anche (penso ~ a …)	也	yě
anche, pure	也	yě

6. Parole grammaticali. Avverbi. Parte 2

Perché?	为什么？	wèi shénme?
per qualche ragione	由于某种原因	yóu yú mǒu zhǒng yuán yīn
perché …	因为 …	yīn wèi …
per qualche motivo	不知为什么	bùzhī wèi shénme
e (cong)	和	hé
o (sì ~ no?)	或者，还是	huò zhě, hái shì
ma (però)	但	dàn
per (~ me)	为	wèi
troppo	太	tài
solo (avv)	只	zhǐ
esattamente	精确地	jīng què de
circa (~ 10 dollari)	大约	dà yuē

approssimativamente	大概	dà gài
approssimativo (agg)	大概的	dà gài de
quasi	差不多	chà bu duō
resto	剩下的	shèng xià de
ogni (agg)	每个的	měi gè de
qualsiasi (agg)	任何	rèn hé
molti, molto	许多	xǔ duō
molta gente	很多人	hěn duō rén
tutto, tutti	都	dōu
in cambio di ...	作为交换	zuò wéi jiāo huàn
in cambio	作为交换	zuò wéi jiāo huàn
a mano (fatto ~)	手工	shǒu gōng
poco probabile	几乎不	jī hū bù
probabilmente	可能	kě néng
apposta	故意	gù yì
per caso	偶然的	ǒu rán de
molto (avv)	很	hěn
per esempio	例如	lì rú
fra (~ due)	之间	zhī jiān
fra (~ più di due)	在 ··· 中	zài ... zhōng
tanto (quantità)	这么多	zhè me duō
soprattutto	特别	tè bié

NUMERI. VARIE

7. Numeri cardinali. Parte 1

zero (m)	零	líng
uno	一	yī
due	二	èr
tre	三	sān
quattro	四	sì
cinque	五	wǔ
sei	六	liù
sette	七	qī
otto	八	bā
nove	九	jiǔ
dieci	十	shí
undici	十一	shí yī
dodici	十二	shí èr
tredici	十三	shí sān
quattordici	十四	shí sì
quindici	十五	shí wǔ
sedici	十六	shí liù
diciassette	十七	shí qī
diciotto	十八	shí bā
diciannove	十九	shí jiǔ
venti	二十	èrshí
ventuno	二十一	èrshí yī
ventidue	二十二	èrshí èr
ventitre	二十三	èrshí sān
trenta	三十	sānshí
trentuno	三十一	sānshí yī
trentadue	三十二	sānshí èr
trentatre	三十三	sānshí sān
quaranta	四十	sìshí
quarantuno	四十一	sìshí yī
quarantadue	四十二	sìshí èr
quarantatre	四十三	sìshí sān
cinquanta	五十	wǔshí
cinquantuno	五十一	wǔshí yī
cinquantadue	五十二	wǔshí èr
cinquantatre	五十三	wǔshí sān
sessanta	六十	liùshí
sessantuno	六十一	liùshí yī

sessantadue	六十二	liùshí èr
sessantatre	六十三	liùshí sān
settanta	七十	qīshí
settantuno	七十一	qīshí yī
settantadue	七十二	qīshí èr
settantatre	七十三	qīshí sān
ottanta	八十	bāshí
ottantuno	八十一	bāshí yī
ottantadue	八十二	bāshí èr
ottantatre	八十三	bāshí sān
novanta	九十	jiǔshí
novantuno	九十一	jiǔshí yī
novantadue	九十二	jiǔshí èr
novantatre	九十三	jiǔshí sān

8. Numeri cardinali. Parte 2

cento	一百	yī bǎi
duecento	两百	liǎng bǎi
trecento	三百	sān bǎi
quattrocento	四百	sì bǎi
cinquecento	五百	wǔ bǎi
seicento	六百	liù bǎi
settecento	七百	qī bǎi
ottocento	八百	bā bǎi
novecento	九百	jiǔ bǎi
mille	一千	yī qiān
duemila	两千	liǎng qiān
tremila	三千	sān qiān
diecimila	一万	yī wàn
centomila	十万	shí wàn
milione (m)	百万	bǎi wàn
miliardo (m)	十亿	shíyì

9. Numeri ordinali

primo	第一	dì yī
secondo	第二	dì èr
terzo	第三	dì sān
quarto	第四	dì sì
quinto	第五	dì wǔ
sesto	第六	dì liù
settimo	第七	dì qī
ottavo	第八	dì bā
nono	第九	dì jiǔ
decimo	第十	dì shí

COLORI. UNITÀ DI MISURA

10. Colori

colore (m)	颜色	yán sè
sfumatura (f)	色调	sè diào
tono (m)	色调	sè diào
arcobaleno (m)	彩虹	cǎi hóng
bianco (agg)	白的	bái de
nero (agg)	黑色的	hēi sè de
grigio (agg)	灰色的	huī sè de
verde (agg)	绿色的	lǜ sè de
giallo (agg)	黄色的	huáng sè de
rosso (agg)	红色的	hóng sè de
blu (agg)	蓝色的	lán sè
azzurro (agg)	天蓝色的	tiānlán sè
rosa (agg)	粉红色的	fěnhóng sè
arancione (agg)	橙色的	chéng sè de
violetto (agg)	紫色的	zǐ sè de
marrone (agg)	棕色的	zōng sè de
d'oro (agg)	金色的	jīn sè de
argenteo (agg)	银白色的	yín bái sè de
beige (agg)	浅棕色的	qiǎn zōng sè de
color crema (agg)	奶油色的	nǎi yóu sè de
turchese (agg)	青绿色的	qīng lǜ sè de
rosso ciliegia (agg)	樱桃色的	yīng táo sè de
lilla (agg)	淡紫色的	dànzǐ sè de
rosso lampone (agg)	深红色的	shēn hóng sè de
chiaro (agg)	淡色的	dàn sè de
scuro (agg)	深色的	shēn sè de
vivo, vivido (agg)	鲜艳的	xiān yàn de
colorato (agg)	有色的	yǒu sè de
a colori	彩色的	cǎi sè de
bianco e nero (agg)	黑白色的	hēi bái sè de
in tinta unita	单色的	dān sè de
multicolore (agg)	杂色的	zá sè de

11. Unità di misura

peso (m)	重量	zhòng liàng
lunghezza (f)	长，长度	cháng, cháng dù

larghezza (f)	宽度	kuān dù
altezza (f)	高度	gāo dù
profondità (f)	深度	shēn dù
volume (m)	容量	róng liàng
area (f)	面积	miàn jī

grammo (m)	克	kè
milligrammo (m)	毫克	háo kè
chilogrammo (m)	公斤	gōng jīn
tonnellata (f)	吨	dūn
libbra (f)	磅	bàng
oncia (f)	盎司	àng sī

metro (m)	米	mǐ
millimetro (m)	毫米	háo mǐ
centimetro (m)	厘米	límǐ
chilometro (m)	公里	gōng lǐ
miglio (m)	英里	yīng lǐ

pollice (m)	英寸	yīng cùn
piede (f)	英尺	yīng chǐ
iarda (f)	码	mǎ

| metro (m) quadro | 平方米 | píng fāng mǐ |
| ettaro (m) | 公顷 | gōng qǐng |

litro (m)	升	shēng
grado (m)	度	dù
volt (m)	伏，伏特	fú, fú tè
ampere (m)	安培	ān péi
cavallo vapore (m)	马力	mǎ lì

quantità (f)	量	liàng
un po' di ...	一点	yī diǎn
metà (f)	一半	yī bàn
dozzina (f)	一打	yī dá
pezzo (m)	个	gè

| dimensione (f) | 大小 | dà xiǎo |
| scala (f) (modello in ~) | 比例 | bǐ lì |

minimo (agg)	最低的	zuì dī de
minore (agg)	最小的	zuì xiǎo de
medio (agg)	中等的	zhōng děng de
massimo (agg)	最多的	zuì duō de
maggiore (agg)	最大的	zuì dà de

12. Contenitori

barattolo (m) di vetro	玻璃罐	bōli guàn
latta, lattina (f)	罐头	guàn tou
secchio (m)	吊桶	diào tǒng
barile (m), botte (f)	桶	tǒng
catino (m)	盆	pén

T&P Books. Vocabolario Italiano-Cinese per studio autodidattico - 3000 parole

serbatoio (m) (per liquidi)	箱	xiāng
fiaschetta (f)	小酒壶	xiǎo jiǔ hú
tanica (f)	汽油罐	qì yóu guàn
cisterna (f)	储水箱	chǔ shuǐ xiāng

tazza (f)	马克杯	mǎkè bēi
tazzina (f) (~ di caffé)	杯子	bēi zi
piattino (m)	碟子	dié zi
bicchiere (m) (senza stelo)	杯子	bēi zi
calice (m)	酒杯	jiǔ bēi
casseruola (f)	炖锅	dùn guō

| bottiglia (f) | 瓶子 | píng zi |
| collo (m) (~ della bottiglia) | 瓶颈 | píng jǐng |

caraffa (f)	长颈玻璃瓶	chángjǐng bōli píng
brocca (f)	粘土壶	nián tǔ hú
recipiente (m)	器皿	qì mǐn
vaso (m) di coccio	花盆	huā pén
vaso (m) di fiori	花瓶	huā píng

boccetta (f) (~ di profumo)	小瓶	xiǎo píng
fiala (f)	小玻璃瓶	xiǎo bōli píng
tubetto (m)	软管	ruǎn guǎn

sacco (m) (~ di patate)	麻袋	má dài
sacchetto (m) (~ di plastica)	袋	dài
pacchetto (m)	包，盒	bāo, hé
(~ di sigarette, ecc.)		

scatola (f) (~ per scarpe)	盒子	hé zi
cassa (f) (~ di vino, ecc.)	箱子	xiāng zi
cesta (f)	篮子	lán zi

I VERBI PIÙ IMPORTANTI

13. I verbi più importanti. Parte 1

accorgersi (vi)	注意到	zhù yì dào
afferrare (vt)	抓住	zhuā zhù
affittare (dare in affitto)	租房	zū fáng
aiutare (vt)	帮助	bāng zhù
amare (qn)	爱	ài
andare (camminare)	走	zǒu
annotare (vt)	记录	jì lù
appartenere (vi)	属于	shǔ yú
aprire (vt)	开	kāi
arrivare (vi)	来到	lái dào
aspettare (vt)	等	děng
avere (vt)	有	yǒu
avere fame	饿	è
avere fretta	赶紧	gǎn jǐn
avere paura	害怕	hài pà
avere sete	渴	kě
avvertire (vt)	警告	jǐng gào
cacciare (vt)	打猎	dǎ liè
cadere (vi)	跌倒	diē dǎo
cambiare (vt)	改变	gǎi biàn
capire (vt)	明白	míng bai
cenare (vi)	吃晚饭	chī wǎn fàn
cercare (vt)	寻找	xún zhǎo
cessare (vt)	停止	tíng zhǐ
chiedere (~ aiuto)	呼	hū
chiedere (domandare)	问	wèn
cominciare (vt)	开始	kāi shǐ
comparare (vt)	比较	bǐ jiào
confondere (vt)	混淆	hùn xiáo
conoscere (qn)	认识	rèn shi
conservare (vt)	保存	bǎo cún
consigliare (vt)	建议	jià nyì
contare (calcolare)	计算	jì suàn
contare su ...	指望	zhǐ wàng
continuare (vt)	继续	jì xù
controllare (vt)	控制	kòng zhì
correre (vi)	跑	pǎo
costare (vt)	价钱为	jià qian wèi
creare (vt)	创造	chuàng zào
cucinare (vi)	做饭	zuò fàn

14. I verbi più importanti. Parte 2

dare (vt)	给	gěi
dare un suggerimento	暗示	àn shì
decorare (adornare)	装饰	zhuāng shì
difendere (~ un paese)	保卫	bǎo wèi
dimenticare (vt)	忘	wàng
dire (~ la verità)	说	shuō
dirigere (compagnia, ecc.)	管理	guǎn lǐ
discutere (vt)	讨论	tǎo lùn
domandare (vt)	请求	qǐng qiú
dubitare (vi)	怀疑	huái yí
entrare (vi)	进来	jìn lái
esigere (vt)	要求	yāo qiú
esistere (vi)	存在	cún zài
essere (vi)	当	dāng
essere d'accordo	同意	tóng yì
fare (vt)	做	zuò
fare colazione	吃早饭	chī zǎo fàn
fare il bagno	去游泳	qù yóu yǒng
fermarsi (vr)	停	tíng
fidarsi (vr)	信任	xìn rèn
finire (vt)	结束	jié shù
firmare (~ un documento)	签名	qiān míng
giocare (vi)	玩	wán
girare (~ a destra)	转弯	zhuǎn wān
gridare (vi)	叫喊	jiào hǎn
indovinare (vt)	猜中	cāi zhòng
informare (vt)	通知	tōng zhī
ingannare (vt)	骗	piàn
insistere (vi)	坚持	jiān chí
insultare (vt)	侮辱	wǔ rǔ
interessarsi di …	对 … 感兴趣	duì … gǎn xìng qù
invitare (vt)	邀请	yāo qǐng
lamentarsi (vr)	抱怨	bào yuàn
lasciar cadere	掉	diào
lavorare (vi)	工作	gōng zuò
leggere (vi, vt)	读	dú
liberare (vt)	解放	jiě fàng

15. I verbi più importanti. Parte 3

mancare le lezioni	错过	cuò guò
mandare (vt)	寄	jì
menzionare (vt)	提到	tí dào
minacciare (vt)	威胁	wēi xié

mostrare (vt)	展示	zhǎn shì
nascondere (vt)	藏	cáng
nuotare (vi)	游泳	yóuyǒng
obiettare (vt)	反对	fǎn duì
occorrere (vimp)	需要	xū yào
ordinare (~ il pranzo)	订	dìng
ordinare (mil.)	命令	mìng lìng
osservare (vt)	观察	guān chá
pagare (vi, vt)	付，支付	fù, zhī fù
parlare (vi, vt)	说	shuō
partecipare (vi)	参与	cān yù
pensare (vi, vt)	想	xiǎng
perdonare (vt)	原谅	yuán liàng
permettere (vt)	允许	yǔn xǔ
piacere (vi)	喜欢	xǐ huan
piangere (vi)	哭	kū
pianificare (vt)	计划	jì huà
possedere (vt)	拥有	yōng yǒu
potere (v aus)	能	néng
pranzare (vi)	吃午饭	chī wǔ fàn
preferire (vt)	宁愿	nìng yuàn
pregare (vi, vt)	祈祷	qí dǎo
prendere (vt)	拿	ná
prevedere (vt)	预见	yù jiàn
promettere (vt)	承诺	chéng nuò
pronunciare (vt)	发音	fā yīn
proporre (vt)	提议	tí yì
punire (vt)	惩罚	chéng fá
raccomandare (vt)	推荐	tuī jiàn
ridere (vi)	笑	xiào
rifiutarsi (vr)	拒绝	jù jué
rincrescere (vi)	后悔	hòu huǐ
ripetere (ridire)	重复	chóng fù
riservare (vt)	预订	yù dìng
rispondere (vi, vt)	回答	huí dá
rompere (spaccare)	打破	dǎ pò
rubare (~ i soldi)	偷窃	tōu qiè

16. I verbi più importanti. Parte 4

salvare (~ la vita a qn)	救出	jiù chū
sapere (vt)	知道	zhī dào
sbagliare (vi)	犯错	fàn cuò
scavare (vt)	挖	wā
scegliere (vt)	选	xuǎn
scendere (vi)	下来	xià lai
scherzare (vi)	开玩笑	kāi wán xiào

scrivere (vt)	写	xiě
scusarsi (vr)	道歉	dào qiàn
sedersi (vr)	坐下	zuò xia
seguire (vt)	跟随	gēn suí
sgridare (vt)	责骂	zé mà
significare (vt)	表示	biǎo shì
sorridere (vi)	微笑	wēi xiào
sottovalutare (vt)	轻视	qīng shì
sparare (vi)	射击	shè jī
sperare (vi, vt)	希望	xī wàng
spiegare (vt)	说明	shuō míng
studiare (vt)	学习	xué xí
stupirsi (vr)	吃惊	chī jīng
tacere (vi)	沉默	chén mò
tentare (vt)	试图	shì tú
toccare (~ con le mani)	摸	mō
tradurre (vt)	翻译	fān yì
trovare (vt)	找到	zhǎo dào
uccidere (vt)	杀死	shā sǐ
udire (percepire suoni)	听见	tīng jiàn
unire (vt)	联合	lián hé
uscire (vi)	走出去	zǒu chū qù
vantarsi (vr)	自夸	zì kuā
vedere (vt)	见，看见	jiàn, kàn jiàn
vendere (vt)	卖	mài
volare (vi)	飞	fēi
volere (desiderare)	想，想要	xiǎng, xiǎng yào

ORARIO. CALENDARIO

17. Giorni della settimana

lunedì (m)	星期一	xīng qī yī
martedì (m)	星期二	xīng qī èr
mercoledì (m)	星期三	xīng qī sān
giovedì (m)	星期四	xīng qī sì
venerdì (m)	星期五	xīng qī wǔ
sabato (m)	星期六	xīng qī liù
domenica (f)	星期天	xīng qī tiān
oggi (avv)	今天	jīn tiān
domani	明天	míng tiān
dopodomani	后天	hòu tiān
ieri (avv)	昨天	zuó tiān
l'altro ieri	前天	qián tiān
giorno (m)	白天	bái tiān
giorno (m) lavorativo	工作日	gōng zuò rì
giorno (m) festivo	节日	jié rì
giorno (m) di riposo	休假日	xiū jià rì
fine (m) settimana	周末	zhōu mò
tutto il giorno	一整天	yī zhěng tiān
l'indomani	次日	cì rì
due giorni fa	两天前	liǎng tiān qián
il giorno prima	前一天	qián yī tiān
quotidiano (agg)	每天的	měi tiān de
ogni giorno	每天地	měi tiān de
settimana (f)	星期	xīng qī
la settimana scorsa	上星期	shàng xīng qī
la settimana prossima	次周	cì zhōu
settimanale (agg)	每周的	měi zhōu de
ogni settimana	每周	měi zhōu
due volte alla settimana	一周两次	yīzhōu liǎngcì
ogni martedì	每个星期二	měi gè xīng qī èr

18. Ore. Giorno e notte

mattina (f)	早晨	zǎo chén
di mattina	在上午	zài shàng wǔ
mezzogiorno (m)	中午	zhōng wǔ
nel pomeriggio	在下午	zài xià wǔ
sera (f)	晚间	wǎn jiān
di sera	在晚上	zài wǎn shang

notte (f)	夜晚	yè wǎn
di notte	夜间	yè jiān
mezzanotte (f)	午夜	wǔ yè

secondo (m)	秒	miǎo
minuto (m)	分钟	fēn zhōng
ora (f)	小时	xiǎo shí
mezzora (f)	半小时	bàn xiǎo shí
un quarto d'ora	一刻钟	yī kè zhōng
quindici minuti	十五分钟	shíwǔ fēn zhōng
ventiquattro ore	昼夜	zhòuyè

levata (f) del sole	日出	rì chū
alba (f)	黎明	lí míng
mattutino (m)	清晨	qīng chén
tramonto (m)	日落	rì luò

di buon mattino	一大早地	yī dà zǎo de
stamattina	今天早上	jīntiān zǎo shang
domattina	明天早上	míngtiān zǎo shang

oggi pomeriggio	今天下午	jīntiān xià wǔ
nel pomeriggio	在下午	zài xià wǔ
domani pomeriggio	明天下午	míngtiān xià wǔ

| stasera | 今晚 | jīn wǎn |
| domani sera | 明天晚上 | míngtiān wǎn shang |

| verso le quattro | 快到四点钟了 | kuài dào sì diǎnzhōng le |
| per le dodici | 十二点钟 | shí èr diǎnzhōng |

fra venti minuti	二十分钟 以后	èrshí fēnzhōng yǐhòu
fra un'ora	在一个小时	zài yī gè xiǎo shí
puntualmente	按时	àn shí

un quarto di ...	差一刻	chà yī kè
entro un'ora	一小时内	yī xiǎo shí nèi
ogni quindici minuti	每个十五分钟	měi gè shíwǔ fēnzhōng
giorno e notte	日夜	rì yè

19. Mesi. Stagioni

gennaio (m)	一月	yī yuè
febbraio (m)	二月	èr yuè
marzo (m)	三月	sān yuè
aprile (m)	四月	sì yuè
maggio (m)	五月	wǔ yuè
giugno (m)	六月	liù yuè

luglio (m)	七月	qī yuè
agosto (m)	八月	bā yuè
settembre (m)	九月	jiǔ yuè
ottobre (m)	十月	shí yuè
novembre (m)	十一月	shí yī yuè

dicembre (m)	十二月	shí èr yuè
primavera (f)	春季，春天	chūn jì
in primavera	在春季	zài chūn jì
primaverile (agg)	春天的	chūn tiān de
estate (f)	夏天	xià tiān
in estate	在夏天	zài xià tiān
estivo (agg)	夏天的	xià tiān de
autunno (m)	秋天	qiū tiān
in autunno	在秋季	zài qiū jì
autunnale (agg)	秋天的	qiū tiān de
inverno (m)	冬天	dōng tiān
in inverno	在冬季	zài dōng jì
invernale (agg)	冬天的	dōng tiān de
mese (m)	月，月份	yuè, yuèfèn
questo mese	本月	běn yuè
il mese prossimo	次月	cì yuè
il mese scorso	上个月	shàng gè yuè
un mese fa	一个月前	yī gè yuè qián
fra un mese	在一个月	zài yī gè yuè
fra due mesi	过两个月	guò liǎng gè yuè
un mese intero	整个月	zhěnggè yuè
per tutto il mese	整个月	zhěnggè yuè
mensile (rivista ~)	每月的	měi yuè de
mensilmente	每月	měi yuè
ogni mese	每月	měi yuè
due volte al mese	一个月两次	yī gè yuè liǎngcì
anno (m)	年	nián
quest'anno	今年，本年度	jīn nián, běn nián dù
l'anno prossimo	次年	cì nián
l'anno scorso	去年	qù nián
un anno fa	一年前	yī nián qián
fra un anno	在一年	zài yī nián
fra due anni	过两年	guò liǎng nián
un anno intero	一整年	yī zhěng nián
per tutto l'anno	表示一整年	biǎo shì yī zhěng nián
ogni anno	每年	měi nián
annuale (agg)	每年的	měi nián de
annualmente	每年	měi nián
quattro volte all'anno	一年四次	yī nián sì cì
data (f) (~ di oggi)	日期	rìqī
data (f) (~ di nascita)	日期	rìqī
calendario (m)	日历	rìlì
mezz'anno (m)	半年	bàn nián
semestre (m)	半年	bàn nián
stagione (f) (estate, ecc.)	季节	jì jié
secolo (m)	世纪	shì jì

VIAGGIO. HOTEL

20. Escursione. Viaggio

turismo (m)	旅 游	lǚ yóu
turista (m)	旅行者	lǚ xíng zhě
viaggio (m) (all'estero)	旅行	lǚ xíng
avventura (f)	冒险	mào xiǎn
viaggio (m) (corto)	旅行	lǚ xíng
vacanza (f)	休假	xiū jià
essere in vacanza	放假	fàng jià
riposo (m)	休息	xiū xi
treno (m)	火车	huǒ chē
in treno	乘火车	chéng huǒchē
aereo (m)	飞机	fēijī
in aereo	乘飞机	chéng fēijī
in macchina	乘汽车	chéng qìchē
in nave	乘船	chéng chuán
bagaglio (m)	行李	xíng li
valigia (f)	手提箱	shǒu tí xiāng
carrello (m)	行李车	xíng li chē
passaporto (m)	护照	hù zhào
visto (m)	签证	qiān zhèng
biglietto (m)	票	piào
biglietto (m) aereo	飞机票	fēijī piào
guida (f)	旅行指南	lǚ xíng zhǐ nán
carta (f) geografica	地图	dì tú
località (f)	地方	dì fang
luogo (m)	地方	dì fang
ogetti (m pl) esotici	尖蕊鸢尾	jiān ruǐ yuān wěi
esotico (agg)	外来的	wài lái de
sorprendente (agg)	惊人的	jīng rén de
gruppo (m)	组	zǔ
escursione (f)	游览	yóu lǎn
guida (f) (cicerone)	导游	dào yóu

21. Hotel

albergo (m)	酒店	jiǔ diàn
motel (m)	汽车旅馆	qì chē lǚ guǎn
tre stelle	三星级	sān xīng jí

cinque stelle	五星级	wǔ xīng jí
alloggiare (vi)	暂住	zàn zhù
camera (f)	房间	fáng jiān
camera (f) singola	单人间	dān rén jiān
camera (f) doppia	双人间	shuāng rén jiān
prenotare una camera	订房间	dìng fáng jiān
mezza pensione (f)	半膳宿	bàn shàn sù
pensione (f) completa	全食宿	quán shí sù
con bagno	带洗澡间	dài xǐ zǎo jiān
con doccia	带有淋浴	dài yǒu lín yù
televisione (f) satellitare	卫星电视	wèixīng diànshì
condizionatore (m)	空调	kōng tiáo
asciugamano (m)	毛巾，浴巾	máo jīn, yù jīn
chiave (f)	钥匙	yào shi
amministratore (m)	管理者	guǎn lǐ zhě
cameriera (f)	女服务员	nǚ fú wù yuán
portabagagli (m)	行李生	xíng li shēng
portiere (m)	看门人	kān mén rén
ristorante (m)	饭馆	fàn guǎn
bar (m)	酒吧	jiǔ bā
colazione (f)	早饭	zǎo fàn
cena (f)	晚餐	wǎn cān
buffet (m)	自助餐	zì zhù cān
hall (f) (atrio d'ingresso)	大厅	dà tīng
ascensore (m)	电梯	diàn tī
NON DISTURBARE	请勿打扰	qǐng wù dǎ rǎo
VIETATO FUMARE!	禁止吸烟	jìnzhǐ xīyān

22. Visita turistica

monumento (m)	纪念像	jì niàn xiàng
fortezza (f)	堡垒	bǎo lěi
palazzo (m)	宫殿	gōng diàn
castello (m)	城堡	chéng bǎo
torre (f)	塔	tǎ
mausoleo (m)	陵墓	líng mù
architettura (f)	建筑	jiàn zhù
medievale (agg)	中世纪的	zhōng shì jì de
antico (agg)	古老的	gǔ lǎo de
nazionale (agg)	国家，国民	guó jiā, guó mín
famoso (agg)	有名的	yǒu míng de
turista (m)	旅行者	lǚ xíng zhě
guida (f)	导游	dǎo yóu
escursione (f)	游览	yóu lǎn
fare vedere	把 … 给 … 看	bǎ … gěi … kàn

raccontare (vt)	讲	jiǎng
trovare (vt)	找到	zhǎo dào
perdersi (vr)	迷路	mí lù
mappa (f) (~ della metropolitana)	地图	dì tú
piantina (f) (~ della città)	地图	dì tú
souvenir (m)	纪念品	jì niàn pǐn
negozio (m) di articoli da regalo	礼品店	lǐ pǐn diàn
fare foto	拍照	pāi zhào
fotografarsi	拍照	pāi zhào

MEZZI DI TRASPORTO

23. Aeroporto

aeroporto (m)	机场	jī chǎng
aereo (m)	飞机	fēijī
compagnia (f) aerea	航空公司	hángkōng gōngsī
controllore (m) di volo	调度员	diào dù yuán
partenza (f)	出发	chū fā
arrivo (m)	到达	dào dá
arrivare (vi)	到达	dào dá
ora (f) di partenza	起飞时间	qǐ fēi shíjiān
ora (f) di arrivo	到达时间	dào dá shíjiān
essere ritardato	晚点	wǎn diǎn
volo (m) ritardato	班机晚点	bān jī wǎn diǎn
tabellone (m) orari	航班信息板	háng bān xìn xī bǎn
informazione (f)	信息	xìn xī
annunciare (vt)	通知	tōng zhī
volo (m)	航班，班机	háng bān, bān jī
dogana (f)	海关	hǎi guān
doganiere (m)	海关人员	hǎi guān rényuán
dichiarazione (f)	报关单	bào guān dān
riempire una dichiarazione	填报关单	tián bào guān dān
controllo (m) passaporti	护照检查	hùzhào jiǎnchá
bagaglio (m)	行李	xíng li
bagaglio (m) a mano	手提行李	shǒu tí xíng li
carrello (m)	行李车	xíng li chē
atterraggio (m)	着陆	zhuó lù
pista (f) di atterraggio	跑道	pǎo dào
atterrare (vi)	着陆	zhuó lù
scaletta (f) dell'aereo	舷梯	xián tī
check-in (m)	办理登机	bàn lǐ dēng jī
banco (m) del check-in	办理登机手续处	bàn lǐ dēng jī shǒu xù chù
fare il check-in	登记	dēng jì
carta (f) d'imbarco	登机牌	dēng jī pái
porta (f) d'imbarco	登机口	dēng jī kǒu
transito (m)	中转	zhōng zhuǎn
aspettare (vt)	等候	děng hòu
sala (f) d'attesa	出发大厅	chū fā dà tīng
accompagnare (vt)	送别	sòng bié
congedarsi (vr)	说再见	shuō zài jiàn

24. Aeroplano

aereo (m)	飞机	fēijī
biglietto (m) aereo	飞机票	fēijī piào
compagnia (f) aerea	航空公司	hángkōng gōngsī
aeroporto (m)	机场	jī chǎng
supersonico (agg)	超音速的	chāo yīn sù de
comandante (m)	机长	jī zhǎng
equipaggio (m)	机组	jī zǔ
pilota (m)	飞行员	fēi xíng yuán
hostess (f)	空姐	kōng jiě
navigatore (m)	领航员	lǐng háng yuán
ali (f pl)	机翼	jī yì
coda (f)	机尾	jī wěi
cabina (f)	座舱	zuò cāng
motore (m)	发动机	fā dòng jī
carrello (m) d'atterraggio	起落架	qǐ luò jià
turbina (f)	涡轮	wō lún
elica (f)	螺旋桨	luó xuán jiǎng
scatola (f) nera	黑匣子	hēi xiá zi
barra (f) di comando	飞机驾驶盘	fēijī jiàshǐpán
combustibile (m)	燃料	rán liào
safety card (f)	指南	zhǐ nán
maschera (f) ad ossigeno	氧气面具	yǎngqì miànjù
uniforme (f)	制服	zhì fú
giubbotto (m) di salvataggio	救生衣	jiù shēng yī
paracadute (m)	降落伞	jiàng luò sǎn
decollo (m)	起飞	qǐ fēi
decollare (vi)	起飞	qǐ fēi
pista (f) di decollo	跑道	pǎo dào
visibilità (f)	可见度	kě jiàn dù
volo (m)	飞行	fēi xíng
altitudine (f)	高度	gāo dù
vuoto (m) d'aria	气潭	qì tán
posto (m)	座位	zuò wèi
cuffia (f)	耳机	ěr jī
tavolinetto (m) pieghevole	折叠托盘	zhé dié tuō pán
oblò (m), finestrino (m)	舷窗，机窗	xián chuāng, jī chuāng
corridoio (m)	过道	guò dào

25. Treno

treno (m)	火车	huǒ chē
elettrotreno (m)	电动火车	diàndòng huǒ chē
treno (m) rapido	快车	kuài chē
locomotiva (f) diesel	内燃机车	nèiránjī chē

locomotiva (f) a vapore	蒸汽机车	zhēngqìjī chē
carrozza (f)	铁路客车	tiě lù kè chē
vagone (m) ristorante	餐车	cān chē
rotaie (f pl)	铁轨	tiě guǐ
ferrovia (f)	铁路	tiě lù
traversa (f)	枕木	zhěn mù
banchina (f) (~ ferroviaria)	月台	yuè tái
binario (m) (~ 1, 2)	月台	yuè tái
semaforo (m)	臂板信号机	bìbǎn xìnhào jī
stazione (f)	火车站	huǒ chē zhàn
macchinista (m)	火车司机	huǒ chē sī jī
portabagagli (m)	搬运工	bān yùn gōng
cuccettista (m, f)	列车员	liè chē yuán
passeggero (m)	乘客	chéng kè
controllore (m)	列车员	liè chē yuán
corridoio (m)	走廊	zǒu láng
freno (m) di emergenza	紧急制动器	jǐn jí zhì dòng qì
scompartimento (m)	包房	bāo fáng
cuccetta (f)	卧铺	wò pù
cuccetta (f) superiore	上铺	shàng pù
cuccetta (f) inferiore	下铺	xià pù
biancheria (f) da letto	被单	bèi dān
biglietto (m)	票	piào
orario (m)	列车时刻表	lièchē shíkèbiǎo
tabellone (m) orari	时刻表	shí kè biǎo
partire (vi)	离开	lí kāi
partenza (f)	发车	fā chē
arrivare (di un treno)	到达	dào dá
arrivo (m)	到达	dào dá
arrivare con il treno	乘坐火车抵达	chéngzuò huǒchē dǐdá
salire sul treno	上车	shàng chē
scendere dal treno	下车	xià chē
locomotiva (f) a vapore	蒸汽机车	zhēngqìjī chē
fuochista (m)	添煤工	tiān méi gōng
forno (m)	火箱	huǒ xiāng
carbone (m)	煤炭	méi tàn

26. Nave

nave (f)	大船	dà chuán
imbarcazione (f)	船	chuán
piroscafo (m)	汽船	qì chuán
barca (f) fluviale	江轮	jiāng lún
transatlantico (m)	远洋班轮	yuǎn yáng bān lún

incrociatore (m)	巡洋舰	xún yáng jiàn
yacht (m)	· 快艇	kuài tǐng
rimorchiatore (m)	拖轮	tuō lún
chiatta (f)	驳船	bó chuán
traghetto (m)	渡轮，渡船	dù lún, dù chuán
veliero (m)	帆船	fān chuán
brigantino (m)	双桅帆船	shuāng wéi fān chuán
rompighiaccio (m)	破冰船	pò bīng chuán
sottomarino (m)	潜水艇	qián shuǐ tǐng
barca (f)	小船	xiǎo chuán
scialuppa (f)	小艇	xiǎo tǐng
scialuppa (f) di salvataggio	救生艇	jiù shēng tǐng
motoscafo (m)	汽艇	qì tǐng
capitano (m)	船长，舰长	chuán zhǎng, jiàn zhǎng
marittimo (m)	水手	shuǐ shǒu
marinaio (m)	海员	hǎi yuán
equipaggio (m)	船员	chuán yuán
nostromo (m)	水手长	shuǐ shǒu zhǎng
mozzo (m) di nave	小水手	xiǎo shuǐ shǒu
cuoco (m)	船上厨师	chuánshàng chúshī
medico (m) di bordo	随船医生	suí chuán yī shēng
ponte (m)	甲板	jiǎ bǎn
albero (m)	桅	wéi
vela (f)	帆	fān
stiva (f)	货舱	huò cāng
prua (f)	船头	chuán tóu
poppa (f)	船尾	chuán wěi
remo (m)	桨	jiǎng
elica (f)	螺旋桨	luó xuán jiǎng
cabina (f)	小舱	xiǎo cāng
quadrato (m) degli ufficiali	旅客休息室	lǚkè xiū xī shì
sala (f) macchine	轮机舱	lún jī cāng
ponte (m) di comando	舰桥	jiàn qiáo
cabina (f) radiotelegrafica	无线电室	wú xiàn diàn shì
onda (f)	波	bō
giornale (m) di bordo	航海日志	háng hǎi rì zhì
cannocchiale (m)	单简望远镜	dān tǒng wàng yuǎn jìng
campana (f)	钟	zhōng
bandiera (f)	旗	qí
cavo (m) (~ d'ormeggio)	缆绳	lǎn shéng
nodo (m)	结	jié
ringhiera (f)	栏杆	lán gān
passerella (f)	舷梯	xián tī
ancora (f)	锚	máo
levare l'ancora	起锚	qǐ máo

gettare l'ancora	抛锚	pāo máo
catena (f) dell'ancora	锚链	máo liàn
porto (m)	港市	gǎng shì
banchina (f)	码头	mǎ tóu
ormeggiarsi (vr)	系泊	jì bó
salpare (vi)	启航	qǐ háng
viaggio (m)	旅行	lǚ xíng
crociera (f)	航游	háng yóu
rotta (f)	航向	háng xiàng
itinerario (m)	航线	háng xiàn
tratto (m) navigabile	水路	shuǐ lù
secca (f)	浅水	qiǎn shuǐ
arenarsi (vr)	搁浅	gē qiǎn
tempesta (f)	风暴	fēng bào
segnale (m)	信号	xìn hào
affondare (andare a fondo)	沉没	chén mò
SOS	求救信号	qiú jiù xìn hào
salvagente (m) anulare	救生圈	jiù shēng quān

CITTÀ

27. Mezzi pubblici in città

autobus (m)	公共汽车	gōnggòng qìchē
tram (m)	电车	diànchē
filobus (m)	无轨电车	wúguǐ diànchē
itinerario (m)	路线	lù xiàn
numero (m)	号	hào
andare in …	… 去	… qù
salire (~ sull'autobus)	上车	shàng chē
scendere da …	下车	xià chē
fermata (f) (~ dell'autobus)	车站	chē zhàn
prossima fermata (f)	下一站	xià yī zhàn
capolinea (m)	终点站	zhōng diǎn zhàn
orario (m)	时刻表	shí kè biǎo
aspettare (vt)	等	děng
biglietto (m)	票	piào
prezzo (m) del biglietto	票价	piào jià
cassiere (m)	出纳	chū nà
controllo (m) dei biglietti	查验车票	chá yàn chē piào
bigliettaio (m)	售票员	shòu piào yuán
essere in ritardo	误点	wù diǎn
perdere (~ il treno)	未赶上	wèi gǎn shàng
avere fretta	急忙	jí máng
taxi (m)	出租车	chūzūchē
taxista (m)	出租车司机	chūzūchē sī jī
in taxi	乘出租车	chéng chūzūchē
parcheggio (m) di taxi	出租车站	chūzūchē zhàn
chiamare un taxi	叫计程车	jiào jì chéng chē
prendere un taxi	乘出租车	chéng chūzūchē
traffico (m)	交通	jiāo tōng
ingorgo (m)	堵车	dǔ chē
ore (f pl) di punta	高峰 时间	gāo fēng shí jiān
parcheggiarsi (vr)	停放	tíng fàng
parcheggiare (vt)	停放	tíng fàng
parcheggio (m)	停车场	tíng chē cháng
metropolitana (f)	地铁	dì tiě
stazione (f)	站	zhàn
prendere la metropolitana	坐地铁	zuò dì tiě
treno (m)	火车	huǒ chē
stazione (f) ferroviaria	火车站	huǒ chē zhàn

28. Città. Vita di città

città (f)	城市	chéng shì
capitale (f)	首都	shǒu dū
villaggio (m)	村庄	cūn zhuāng

mappa (f) della città	城市地图	chéng shì dìtú
centro (m) della città	城市中心	chéng shì zhōngxīn
sobborgo (m)	郊区	jiāo qū
suburbano (agg)	郊区的	jiāo qū de

periferia (f)	郊区	jiāo qū
dintorni (m pl)	周围地区	zhōuwéi dì qū
isolato (m)	街区	jiē qū
quartiere residenziale	住宅区	zhù zhái qū

traffico (m)	交通	jiāo tōng
semaforo (m)	红绿灯	hóng lǜ dēng
trasporti (m pl) urbani	公共交通	gōng gòng jiāo tōng
incrocio (m)	十字路口	shí zì lù kǒu

passaggio (m) pedonale	人行横道	rén xíng héng dào
sottopassaggio (m)	人行地道	rén xíng dìdào
attraversare (vt)	穿马路	chuān mǎ lù
pedone (m)	行人	xíng rén
marciapiede (m)	人行道	rén xíng dào

ponte (m)	桥	qiáo
banchina (f)	堤岸	dī àn
fontana (f)	喷泉	pēn quán

vialetto (m)	小巷	xiǎo xiàng
parco (m)	公园	gōng yuán
boulevard (m)	林荫大道	lín yìn dàdào
piazza (f)	广场	guǎng chǎng
viale (m), corso (m)	大街	dàjiē
via (f), strada (f)	路	lù
vicolo (m)	胡同	hú tòng
vicolo (m) cieco	死胡同	sǐ hú tòng

casa (f)	房子	fáng zi
edificio (m)	楼房，大厦	lóufáng, dàshà
grattacielo (m)	摩天大楼	mó tiān dà lóu

facciata (f)	正面	zhèng miàn
tetto (m)	房顶	fáng dǐng
finestra (f)	窗户	chuāng hu
arco (m)	拱门	gǒng mén
colonna (f)	柱	zhù
angolo (m)	拐角	guǎi jiāo

vetrina (f)	商店橱窗	shāng diàn chú chuāng
insegna (f) (di negozi, ecc.)	招牌	zhāo pái
cartellone (m)	海报	hǎi bào
cartellone (m) pubblicitario	广告画	guǎnggào huà

tabellone (m) pubblicitario	广告牌	guǎnggào pái
pattume (m), spazzatura (f)	垃圾	lā jī
pattumiera (f)	垃圾桶	lā jī tǒng
sporcare (vi)	乱扔	luàn rēng
discarica (f) di rifiuti	垃圾堆	lājī duī

cabina (f) telefonica	电话亭	diàn huà tíng
lampione (m)	路灯	lù dēng
panchina (f)	长椅	chángyǐ

poliziotto (m)	警察	jǐng chá
polizia (f)	警察	jǐng chá
mendicante (m)	乞丐	qǐgài

29. Servizi cittadini

negozio (m)	商店	shāng diàn
farmacia (f)	药房	yào fáng
ottica (f)	眼镜店	yǎn jìng diàn
centro (m) commerciale	百货商店	bǎihuò shāngdiàn
supermercato (m)	超市	chāo shì

panetteria (f)	面包店	miànbāo diàn
fornaio (m)	面包师	miànbāo shī
pasticceria (f)	糖果店	tángguǒ diàn
macelleria (f)	肉铺	ròu pù

| fruttivendolo (m) | 水果店 | shuǐ guǒ diàn |
| mercato (m) | 市场 | shì chǎng |

caffè (m)	咖啡馆	kāfēi guǎn
ristorante (m)	饭馆	fàn guǎn
birreria (f), pub (m)	酒吧	jiǔ bā
pizzeria (f)	比萨饼店	bǐ sà bǐng diàn

salone (m) di parrucchiere	理发店	lǐ fà diàn
ufficio (m) postale	邮局	yóu jú
lavanderia (f) a secco	干洗店	gān xǐ diàn
studio (m) fotografico	照相馆	zhào xiàng guǎn

negozio (m) di scarpe	鞋店	xié diàn
libreria (f)	书店	shū diàn
negozio (m) sportivo	体育用品店	tǐ yù yòng pǐn diàn

riparazione (f) di abiti	修衣服店	xiū yī fu diàn
noleggio (m) di abiti	服装出租	fú zhuāng chū zū
noleggio (m) di film	DVD出租店	diwidi chūzūdiàn

circo (m)	马戏团	mǎ xì tuán
zoo (m)	动物园	dòng wù yuán
cinema (m)	电影院	diànyǐng yuàn
museo (m)	博物馆	bó wù guǎn
biblioteca (f)	图书馆	tú shū guǎn
teatro (m)	剧院	jù yuàn

teatro (m) dell'opera	歌剧院	gē jù yuàn
locale notturno (m)	夜总会	yè zǒng huì
casinò (m)	赌场	dǔ chǎng
moschea (f)	清真寺	qīng zhēn sì
sinagoga (f)	犹太教堂	yóu tài jiào táng
cattedrale (f)	大教堂	dà jiào táng
tempio (m)	庙宇，教堂	miào yǔ, jiào táng
chiesa (f)	教堂	jiào táng
istituto (m)	学院	xué yuàn
università (f)	大学	dà xué
scuola (f)	学校	xué xiào
municipio (m)	市政厅	shì zhèng tīng
albergo, hotel (m)	酒店	jiǔ diàn
banca (f)	银行	yín háng
ambasciata (f)	大使馆	dà shǐ guǎn
agenzia (f) di viaggi	旅行社	lǚ xíng shè
ufficio (m) informazioni	问询处	wèn xún chù
ufficio (m) dei cambi	货币兑换处	huòbì duì huàn chù
metropolitana (f)	地铁	dì tiě
ospedale (m)	医院	yī yuàn
distributore (m) di benzina	加油站	jiā yóu zhàn
parcheggio (m)	停车场	tíng chē cháng

30. Cartelli

insegna (f) (di negozi, ecc.)	招牌	zhāo pái
iscrizione (f)	题词	tí cí
cartellone (m)	宣传画	xuān chuán huà
segnale (m) di direzione	指路标志	zhǐ lù biāo zhì
freccia (f)	箭头	jiàn tóu
avvertimento (m)	警告	jǐng gào
avviso (m)	警告	jǐng gào
avvertire, avvisare (vt)	警告	jǐng gào
giorno (m) di riposo	休假日	xiū jià rì
orario (m)	时刻表	shí kè biǎo
orario (m) di apertura	营业时间	yíng yè shí jiān
BENVENUTI!	欢迎光临	huān yíng guāng lín
ENTRATA	入口	rù kǒu
USCITA	出口	chū kǒu
SPINGERE	推	tuī
TIRARE	拉	lā
APERTO	开门	kāi mén
CHIUSO	关门	guān mén
DONNE	女洗手间	nǚ xǐshǒujiān

UOMINI	男洗手间	nán xǐshǒujiān
SCONTI	折扣	zhé kòu
SALDI	销售	xiāoshòu
NOVITÀ!	新品！	xīnpǐn!
GRATIS	免费	miǎn fèi
ATTENZIONE!	请注意	qǐng zhù yì
COMPLETO	客满	kè mǎn
RISERVATO	留座	liú zuò
AMMINISTRAZIONE	高层管理者	gāocéng guǎnlǐ zhě
RISERVATO AL PERSONALE	仅限员工通行	jǐn xiàn yuángōng tōngxíng
ATTENTI AL CANE	当心狗！	dāng xīn gǒu!
VIETATO FUMARE!	禁止吸烟	jìnzhǐ xīyān
NON TOCCARE	禁止触摸	jìn zhǐ chù mō
PERICOLOSO	危险	wēi xiǎn
PERICOLO	危险	wēi xiǎn
ALTA TENSIONE	高压危险	gāo yā wēi xiǎn
DIVIETO DI BALNEAZIONE	禁止游泳	jìnzhǐ yóuyǒng
GUASTO	故障中	gù zhàng zhōng
INFIAMMABILE	易燃物质	yì rán wù zhì
VIETATO	禁止	jìn zhǐ
VIETATO L'INGRESSO	禁止通行	jìnzhǐ tōng xíng
VERNICE FRESCA	油漆未干	yóu qī wèi gān

31. Acquisti

comprare (vt)	买，购买	mǎi, gòu mǎi
acquisto (m)	购买	gòu mǎi
fare acquisti	去买东西	qù mǎi dōng xi
shopping (m)	购物	gòu wù
essere aperto (negozio)	营业	yíng yè
essere chiuso	关门	guān mén
calzature (f pl)	鞋类	xié lèi
abbigliamento (m)	服装	fú zhuāng
cosmetica (f)	化妆品	huà zhuāng pǐn
alimentari (m pl)	食品	shí pǐn
regalo (m)	礼物	lǐ wù
commesso (m)	售货员	shòu huò yuán
commessa (f)	女售货员	nǚ shòuhuò yuán
cassa (f)	收银台	shōu yín tái
specchio (m)	镜子	jìng zi
banco (m)	柜台	guì tái
camerino (m)	试衣间	shì yī jiān
provare (~ un vestito)	试穿	shì chuān
stare bene (vestito)	合适	hé shì

piacere (vi)	喜欢	xǐ huan
prezzo (m)	价格	jià gé
etichetta (f) del prezzo	价格标签	jià gé biāo qiān
costare (vt)	价钱为	jià qian wèi
Quanto?	多少钱?	duōshao qián?
sconto (m)	折扣	zhé kòu

no muy caro (agg)	不贵的	bù guì de
a buon mercato	便宜的	pián yi de
caro (agg)	贵的	guì de
È caro	这个太贵	zhège tàiguì

noleggio (m)	出租	chū zū
noleggiare (~ un abito)	租用	zū yòng
credito (m)	赊购	shē gòu
a credito	赊欠	shē qiàn

ABBIGLIAMENTO E ACCESSORI

32. Indumenti. Soprabiti

vestiti (m pl)	服装	fú zhuāng
soprabito (m)	外衣，上衣	wài yī, shàng yī
abiti (m pl) invernali	寒衣	hán yī
cappotto (m)	大衣	dà yī
pelliccia (f)	皮大衣	pí dà yī
pellicciotto (m)	皮草短外套	pí cǎo duǎn wài tào
piumino (m)	羽绒服	yǔ róng fú
giubbotto (m), giaccha (f)	茄克衫	jiā kè shān
impermeabile (m)	雨衣	yǔ yī
impermeabile (agg)	不透水的	bù tòu shuǐ de

33. Abbigliamento uomo e donna

camicia (f)	衬衫	chèn shān
pantaloni (m pl)	裤子	kù zi
jeans (m pl)	牛仔裤	niú zǎi kù
giacca (f) (~ di tweed)	西服上衣	xī fú shàng yī
abito (m) da uomo	套装	tào zhuāng
abito (m)	连衣裙	lián yī qún
gonna (f)	裙子	qún zi
camicetta (f)	女衬衫	nǚ chèn shān
giacca (f) a maglia	针织毛衣	zhēn zhī máo yī
giacca (f) tailleur	茄克衫	jiā kè shān
maglietta (f)	T袖	T xù
pantaloni (m pl) corti	短裤	duǎn kù
tuta (f) sportiva	运动服	yùn dòng fú
accappatoio (m)	浴衣	yù yī
pigiama (m)	睡衣	shuì yī
maglione (m)	毛衣	máo yī
pullover (m)	套头衫	tào tóu shān
gilè (m)	马甲	mǎ jiǎ
frac (m)	燕尾服	yàn wěi fú
smoking (m)	无尾礼服	wú wěi lǐ fú
uniforme (f)	制服	zhì fú
tuta (f) da lavoro	工作服	gōng zuò fú
salopette (f)	连体服	lián tǐ fú
camice (m) (~ del dottore)	医师服	yī shī fú

34. Abbigliamento. Biancheria intima

biancheria (f) intima	内衣	nèi yī
maglietta (f) intima	汗衫	hàn shān
calzini (m pl)	短袜	duǎn wà
camicia (f) da notte	睡衣	shuì yī
reggiseno (m)	乳罩	rǔ zhào
calzini (m pl) alti	膝上袜	xī shàng wà
collant (m)	连裤袜	lián kù wà
calze (f pl)	长筒袜	cháng tǒng wà
costume (m) da bagno	游泳衣	yóu yǒng yī

35. Copricapo

cappello (m)	帽子	mào zi
cappello (m) di feltro	礼帽	lǐ mào
cappello (m) da baseball	棒球帽	bàng qiú mào
coppola (f)	鸭舌帽	yā shé mào
basco (m)	贝雷帽	bèi léi mào
cappuccio (m)	风帽	fēng mào
panama (m)	巴拿马草帽	bānámǎ cǎo mào
berretto (m) a maglia	针织帽	zhēn zhī mào
fazzoletto (m) da capo	头巾	tóujīn
cappellino (m) donna	女式帽	nǚshì mào
casco (m) (~ di sicurezza)	安全帽	ān quán mào
bustina (f)	船形帽	chuán xíng mào
casco (m) (~ moto)	头盔	tóu kuī
bombetta (f)	圆顶礼帽	yuán dǐng lǐ mào
cilindro (m)	大礼帽	dà lǐ mào

36. Calzature

calzature (f pl)	鞋类	xié lèi
stivaletti (m pl)	短靴	duǎn xuē
scarpe (f pl)	翼尖鞋	yì jiān xié
stivali (m pl)	靴子	xuē zi
pantofole (f pl)	拖鞋	tuō xié
scarpe (f pl) da tennis	运动鞋	yùndòng xié
scarpe (f pl) da ginnastica	胶底运动鞋	jiāodǐ yùndòng xié
sandali (m pl)	凉鞋	liáng xié
calzolaio (m)	鞋匠	xié jiàng
tacco (m)	鞋后跟	xié hòu gēn
paio (m)	一双	yī shuāng
laccio (m)	鞋带	xié dài

allacciare (vt)	系鞋带	jì xié dài
calzascarpe (m)	鞋拔	xié bá
lucido (m) per le scarpe	鞋油	xié yóu

37. Accessori personali

guanti (m pl)	手套	shǒu tào
manopole (f pl)	连指手套	lián zhǐ shǒu tào
sciarpa (f)	围巾	wéi jīn
occhiali (m pl)	眼镜	yǎn jìng
montatura (f)	眼镜框	yǎn jìng kuàng
ombrello (m)	雨伞	yǔ sǎn
bastone (m)	手杖	shǒu zhàng
spazzola (f) per capelli	梳子	shū zi
ventaglio (m)	扇子	shàn zi
cravatta (f)	领带	lǐng dài
cravatta (f) a farfalla	领结	lǐng jié
bretelle (f pl)	吊裤带	diào kù dài
fazzoletto (m)	手帕	shǒu pà
pettine (m)	梳子	shū zi
fermaglio (m)	发夹	fà jiā
forcina (f)	发针	fà zhēn
fibbia (f)	皮带扣	pí dài kòu
cintura (f)	腰带	yāo dài
spallina (f)	肩带	jiān dài
borsa (f)	包	bāo
borsetta (f)	女手提包	nǚ shǒutí bāo
zaino (m)	背包	bēi bāo

38. Abbigliamento. Varie

moda (f)	时装	shí zhuāng
di moda	正在流行	zhèng zài liú xíng
stilista (m)	时装设计师	shízhuāng shèjìshī
collo (m)	衣领，领子	yī lǐng, lǐng zi
tasca (f)	口袋	kǒu dài
tascabile (agg)	口袋的	kǒu dài de
manica (f)	袖子	xiù zi
asola (f) per appendere	挂衣环	guà yī huán
patta (f) (~ dei pantaloni)	前开口	qián kāi kǒu
cerniera (f) lampo	拉链	lā liàn
chiusura (f)	扣子	kòu zi
bottone (m)	纽扣	niǔ kòu
occhiello (m)	钮扣孔	niǔ kòu kǒng
staccarsi (un bottone)	掉	diào

cucire (vi, vt)	缝纫	féng rèn
ricamare (vi, vt)	绣	xiù
ricamo (m)	绣花	xiù huā
ago (m)	针	zhēn
filo (m)	线	xiàn
cucitura (f)	线缝	xiàn féng

sporcarsi (vr)	弄脏	nòng zāng
macchia (f)	污点，污迹	wū diǎn, wū jì
sgualcirsi (vr)	起皱	qǐ zhòu
strappare (vt)	扯破	chě pò
tarma (f)	衣蛾	yī é

39. Cura della persona. Cosmetici

dentifricio (m)	牙膏	yá gāo
spazzolino (m) da denti	牙刷	yá shuā
lavarsi i denti	刷牙	shuā yá

rasoio (m)	剃须刀	tì xū dāo
crema (f) da barba	剃须膏	tì xū gāo
rasarsi (vr)	刮脸	guā liǎn

| sapone (m) | 肥皂 | féi zào |
| shampoo (m) | 洗发液 | xǐ fā yè |

forbici (f pl)	剪子，剪刀	jiǎn zi, jiǎndāo
limetta (f)	指甲锉	zhǐ jia cuò
tagliaunghie (m)	指甲钳	zhǐ jia qián
pinzette (f pl)	镊子	niè zi

cosmetica (f)	化妆品	huà zhuāng pǐn
maschera (f) di bellezza	面膜	miàn mó
manicure (m)	美甲	měi jiǎ
fare la manicure	修指甲	xiū zhǐ jia
pedicure (m)	足部护理	zú bù hù lǐ

borsa (f) del trucco	化妆包	huà zhuāng bāo
cipria (f)	粉	fěn
portacipria (m)	粉盒	fěn hé
fard (m)	胭脂	yān zhī

profumo (m)	香水	xiāng shuǐ
acqua (f) da toeletta	香水	xiāng shuǐ
lozione (f)	润肤液	rùn fū yè
acqua (f) di Colonia	古龙水	gǔ lóng shuǐ

ombretto (m)	眼影	yǎn yǐng
eyeliner (m)	眼线笔	yǎn xiàn bǐ
mascara (m)	睫毛膏	jié máo gāo

rossetto (m)	口红	kǒu hóng
smalto (m)	指甲油	zhǐjia yóu
lacca (f) per capelli	喷雾发胶	pēn wù fà jiāo

deodorante (m)	除臭剂	chú chòu jì
crema (f)	护肤霜	hù fū shuāng
crema (f) per il viso	面霜	miàn shuāng
crema (f) per le mani	护手霜	hù shǒu shuāng
crema (f) antirughe	抗皱霜	kàng zhòu shuāng
da giorno	白天的	bái tiān de
da notte	夜间的	yè jiān de
tampone (m)	卫生棉条	wèi shēng mián tiáo
carta (f) igienica	卫生纸	wèi shēng zhǐ
fon (m)	吹风机	chuī fēng jī

40. Orologi da polso. Orologio

orologio (m) (~ da polso)	手表	shǒu biǎo
quadrante (m)	钟面	zhōng miàn
lancetta (f)	指针	zhǐ zhēn
braccialetto (m)	手表链	shǒu biǎo liàn
cinturino (m)	表带	biǎo dài
pila (f)	电池	diàn chí
essere scarico	没电	méi diàn
cambiare la pila	换电池	huàn diàn chí
andare avanti	快	kuài
andare indietro	慢	màn
orologio (m) da muro	挂钟	guà zhōng
clessidra (f)	沙漏	shā lòu
orologio (m) solare	日规	rì guī
sveglia (f)	闹钟	nào zhōng
orologiaio (m)	钟表匠	zhōng biǎo jiàng
riparare (vt)	修理	xiū lǐ

L'ESPERIENZA QUOTIDIANA

41. Denaro

soldi (m pl)	钱，货币	qián, huòbì
cambio (m)	兑换	duì huàn
corso (m) di cambio	汇率	huì lǜ
bancomat (m)	自动取款机	zì dòng qǔ kuǎn jī
moneta (f)	硬币	yìngbì
dollaro (m)	美元	měi yuán
euro (m)	欧元	ōu yuán
lira (f)	里拉	lǐ lā
marco (m)	德国马克	dé guó mǎ kè
franco (m)	法郎	fǎ láng
sterlina (f)	英镑	yīng bàng
yen (m)	日元	rì yuán
debito (m)	债务	zhài wù
debitore (m)	债务人	zhài wù rén
prestare (~ i soldi)	借给	jiè gěi
prendere in prestito	借	jiè
banca (f)	银行	yín háng
conto (m)	账户	zhànghù
versare sul conto	存款	cún kuǎn
prelevare dal conto	提取	tí qǔ
carta (f) di credito	信用卡	xìn yòng kǎ
contanti (m pl)	现金	xiàn jīn
assegno (m)	支票	zhī piào
emettere un assegno	开支票	kāi zhī piào
libretto (m) di assegni	支票本	zhīpiào běn
portafoglio (m)	钱包	qián bāo
borsellino (m)	零钱包	líng qián bāo
cassaforte (f)	保险柜	bǎo xiǎn guì
erede (m)	继承人	jì chéng rén
eredità (f)	遗产	yí chǎn
fortuna (f)	财产，财富	cáichǎn, cáifù
affitto (m), locazione (f)	租赁	zū lìn
canone (m) d'affitto	租金	zū jīn
affittare (dare in affitto)	租房	zū fáng
prezzo (m)	价格	jià gé
costo (m)	价钱	jià qian
somma (f)	金额	jīn é

spendere (vt)	花	huā
spese (f pl)	花费	huā fèi
economizzare (vi, vt)	节省	jié shěng
economico (agg)	节约的	jié yuē de
pagare (vi, vt)	付，支付	fù, zhī fù
pagamento (m)	酬金	chóu jīn
resto (m) (dare il ~)	零钱	líng qián
imposta (f)	税，税款	shuì, shuì kuǎn
multa (f), ammenda (f)	罚款	fá kuǎn
multare (vt)	罚款	fá kuǎn

42. Posta. Servizio postale

ufficio (m) postale	邮局	yóu jú
posta (f) (lettere, ecc.)	邮件	yóu jiàn
postino (m)	邮递员	yóu dì yuán
orario (m) di apertura	营业时间	yíng yè shí jiān
lettera (f)	信，信函	xìn, xìn hán
raccomandata (f)	挂号信	guà hào xìn
cartolina (f)	明信片	míng xìn piàn
telegramma (m)	电报	diàn bào
pacco (m) postale	包裹，邮包	bāo guǒ, yóu bāo
vaglia (m) postale	汇款资讯	huì kuǎn zī xùn
ricevere (vt)	收到	shōu dào
spedire (vt)	寄	jì
invio (m)	发信	fā xìn
indirizzo (m)	地址	dì zhǐ
codice (m) postale	邮编	yóu biān
mittente (m)	发信人	fā xìn rén
destinatario (m)	收信人	shōu xìn rén
nome (m)	名字	míng zi
cognome (m)	姓	xìng
tariffa (f)	费率	fèi lǜ
ordinario (agg)	普通	pǔ tōng
standard (agg)	经济的	jīng jì de
peso (m)	重量	zhòng liàng
pesare (vt)	称重	chēng zhòng
busta (f)	信封	xìn fēng
francobollo (m)	邮票	yóu piào

43. Attività bancaria

banca (f)	银行	yín háng
filiale (f)	分支机构	fēn zhī jī gòu

consulente (m)	顾问	gù wèn
direttore (m)	主管人	zhǔ guǎn rén
conto (m) bancario	账户	zhànghù
numero (m) del conto	账号	zhàng hào
conto (m) corrente	活期帐户	huó qī zhànghù
conto (m) di risparmio	储蓄账户	chǔ xù zhànghù
aprire un conto	开立账户	kāilì zhànghù
chiudere il conto	关闭 帐户	guān bì zhànghù
versare sul conto	存入帐户	cúnrù zhànghù
prelevare dal conto	提取	tí qǔ
deposito (m)	存款	cún kuǎn
depositare (vt)	存款	cún kuǎn
trasferimento (m) telegrafico	汇款	huì kuǎn
rimettere i soldi	汇款	huì kuǎn
somma (f)	金额	jīn é
Quanto?	多少钱?	duōshao qián?
firma (f)	签名	qiān míng
firmare (vt)	签名	qiān míng
carta (f) di credito	信用卡	xìn yòng kǎ
codice (m)	密码	mì mǎ
numero (m) della carta di credito	信用卡号码	xìn yòng kǎ hào mǎ
bancomat (m)	自动取款机	zì dòng qǔ kuǎn jī
assegno (m)	支票	zhī piào
emettere un assegno	开支票	kāi zhī piào
libretto (m) di assegni	支票本	zhīpiào běn
prestito (m)	贷款	dàikuǎn
fare domanda per un prestito	借款	jiè kuǎn
ottenere un prestito	取得贷款	qǔ dé dàikuǎn
concedere un prestito	贷款给 …	dàikuǎn gěi …
garanzia (f)	保证	bǎo zhèng

44. Telefono. Conversazione telefonica

telefono (m)	电话	diàn huà
telefonino (m)	手机	shǒu jī
segreteria (f) telefonica	答录机	dā lù jī
telefonare (vi, vt)	打电话	dǎ diàn huà
chiamata (f)	电话	diàn huà
comporre un numero	拨号码	bō hào mǎ
Pronto!	喂!	wèi!
chiedere (domandare)	问	wèn
rispondere (vi, vt)	接电话	jiē diàn huà
udire (vt)	听见	tīng jiàn

bene	好	hǎo
male	不好	bù hǎo
disturbi (m pl)	干扰声	gān rǎo shēng

cornetta (f)	听筒	tīng tǒng
alzare la cornetta	接听	jiē tīng
riattaccare la cornetta	挂断	guà duàn

occupato (agg)	占线的	zhàn xiàn de
squillare (del telefono)	响	xiǎng
elenco (m) telefonico	电话薄	diàn huà bù

locale (agg)	本地的	běn dì de
interurbano (agg)	长途	cháng tú
internazionale (agg)	国际的	guó jì de

45. Telefono cellulare

telefonino (m)	手机	shǒu jī
schermo (m)	显示器	xiǎn shì qì
tasto (m)	按钮	àn niǔ
scheda SIM (f)	SIM 卡	sim kǎ

pila (f)	电池	diàn chí
essere scarico	没电	méi diàn
caricabatteria (m)	充电器	chōng diàn qì

menù (m)	菜单	cài dān
impostazioni (f pl)	设置	shè zhì
melodia (f)	曲调	qǔ diào
scegliere (vt)	挑选	tiāo xuǎn

calcolatrice (f)	计算器	jì suàn qì
segreteria (f) telefonica	答录机	dā lù jī
sveglia (f)	闹钟	nào zhōng
contatti (m pl)	电话薄	diàn huà bù

| messaggio (m) SMS | 短信 | duǎn xìn |
| abbonato (m) | 用户 | yòng hù |

46. Articoli di cancelleria

| penna (f) a sfera | 圆珠笔 | yuán zhū bǐ |
| penna (f) stilografica | 钢笔 | gāng bǐ |

matita (f)	铅笔	qiān bǐ
evidenziatore (m)	荧光笔	yíng guāng bǐ
pennarello (m)	水彩笔	shuī cǎi bǐ

taccuino (m)	记事簿	jì shì bù
agenda (f)	日记本	rì jì běn
righello (m)	直尺	zhí chǐ

calcolatrice (f)	计算器	jì suàn qì
gomma (f) per cancellare	橡皮擦	xiàng pí cā
puntina (f)	图钉	tú dīng
graffetta (f)	回形针	huí xíng zhēn

colla (f)	胶水	jiāo shuǐ
pinzatrice (f)	钉书机	dīng shū jī
perforatrice (f)	打孔机	dǎ kǒng jī
temperamatite (m)	卷笔刀	juǎn bǐ dāo

47. Lingue straniere

lingua (f)	语言	yǔ yán
lingua (f) straniera	外语	wài yǔ
studiare (vt)	学习	xué xí
imparare (una lingua)	学，学习	xué, xué xí

leggere (vi, vt)	读	dú
parlare (vi, vt)	说	shuō
capire (vt)	明白	míng bai
scrivere (vi, vt)	写	xiě

rapidamente	快	kuài
lentamente	慢慢地	màn màn de
correntemente	流利	liú lì

regole (f pl)	规则	guī zé
grammatica (f)	语法	yǔ fǎ
lessico (m)	词汇	cí huì
fonetica (f)	语音学	yǔ yīn xué

manuale (m)	课本	kè běn
dizionario (m)	词典	cí diǎn
manuale (m) autodidattico	自学的书	zì xué de shū
frasario (m)	短语手册	duǎn yǔ shǒu cè

cassetta (f)	磁带	cí dài
videocassetta (f)	录像带	lù xiàng dài
CD (m)	光盘	guāng pán
DVD (m)	数字影碟	shù zì yǐng dié

alfabeto (m)	字母表	zì mǔ biǎo
compitare (vt)	拼写	pīn xiě
pronuncia (f)	发音	fā yīn

accento (m)	口音	kǒu yin
con un accento	带口音	dài kǒu yin
senza accento	没有口音	méiyǒu kǒuyin

| vocabolo (m) | 字，单词 | zì, dāncí |
| significato (m) | 意义 | yì yì |

| corso (m) (~ di francese) | 讲座 | jiǎng zuò |
| iscriversi (vr) | 报名 | bào míng |

insegnante (m, f)	老师	lǎo shī
traduzione (f) (fare una ~)	翻译	fān yì
traduzione (f) (un testo)	翻译	fān yì
traduttore (m)	翻译，译者	fān yì, yì zhě
interprete (m)	口译者	kǒu yì zhě
memoria (f)	记忆力	jì yì lì

PASTI. RISTORANTE

48. Preparazione della tavola

cucchiaio (m)	勺子	sháo zi
coltello (m)	刀，刀子	dāo, dāo zi
forchetta (f)	叉，餐叉	chā, cān chā
tazza (f)	杯子	bēi zi
piatto (m)	盘子	pán zi
piattino (m)	碟子	dié zi
tovagliolo (m)	餐巾	cān jīn
stuzzicadenti (m)	牙签	yá qiān

49. Ristorante

ristorante (m)	饭馆	fàn guǎn
caffè (m)	咖啡馆	kāfēi guǎn
pub (m), bar (m)	酒吧	jiǔ bā
sala (f) da tè	茶馆	chá guǎn
cameriere (m)	服务员	fú wù yuán
cameriera (f)	女服务员	nǚ fú wù yuán
barista (m)	酒保	jiǔ bǎo
menù (m)	菜单	cài dān
lista (f) dei vini	酒单	jiǔ dān
prenotare un tavolo	订桌子	dìng zhuō zi
piatto (m)	菜	cài
ordinare (~ il pranzo)	订菜	dìng cài
fare un'ordinazione	订菜	dìng cài
aperitivo (m)	开胃酒	kāi wèi jiǔ
antipasto (m)	开胃菜	kāi wèi cài
dolce (m)	甜点心	tián diǎn xīn
conto (m)	账单	zhàng dān
pagare il conto	付账	fù zhàng
dare il resto	找零钱	zhǎo líng qián
mancia (f)	小费	xiǎo fèi

50. Pasti

cibo (m)	食物	shí wù
mangiare (vi, vt)	吃	chī

colazione (f)	早饭	zǎo fàn
fare colazione	吃早饭	chī zǎo fàn
pranzo (m)	午饭	wǔ fàn
pranzare (vi)	吃午饭	chī wǔ fàn
cena (f)	晚餐	wǎn cān
cenare (vi)	吃晚饭	chī wǎn fàn
appetito (m)	胃口	wèi kǒu
Buon appetito!	请慢用！	qǐng màn yòng!
aprire (vt)	打开	dǎ kāi
rovesciare (~ il vino, ecc.)	洒出	sǎ chū
rovesciarsi (vr)	洒出	sǎ chū
bollire (vi)	煮开	zhǔ kāi
far bollire	烧开	shāo kāi
bollito (agg)	煮开过的	zhǔ kāi guò de
raffreddare (vt)	变凉	biàn liáng
raffreddarsi (vr)	变凉	biàn liáng
gusto (m)	味道	wèi dào
retrogusto (m)	回味，余味	huí wèi, yú wèi
essere a dieta	减肥	jiǎn féi
dieta (f)	日常饮食	rì cháng yǐn shí
vitamina (f)	维生素	wéi shēng sù
caloria (f)	卡路里	kǎlùlǐ
vegetariano (m)	素食者	sù shí zhě
vegetariano (agg)	素的	sù de
grassi (m pl)	脂肪	zhī fáng
proteine (f pl)	蛋白质	dàn bái zhì
carboidrati (m pl)	碳水化合物	tàn shuǐ huà hé wù
fetta (f), fettina (f)	一片	yī piàn
pezzo (m) (~ di torta)	一块	yī kuài
briciola (f) (~ di pane)	面包屑	miàn bāo xiè

51. Pietanze cucinate

piatto (m) (~ principale)	菜	cài
cucina (f)	菜肴	cài yáo
ricetta (f)	烹饪法	pēng rèn fǎ
porzione (f)	一份	yī fèn
insalata (f)	沙拉	shā lā
minestra (f)	汤	tāng
brodo (m)	清汤	qīng tāng
panino (m)	三明治	sān míng zhì
uova (f pl) al tegamino	煎蛋	jiān dàn
hamburger (m)	汉堡	hàn bǎo
bistecca (f)	牛排	niú pái
contorno (m)	配菜	pèi cài

spaghetti (m pl)	意大利面条	yì dà lì miàn tiáo
purè (m) di patate	土豆泥	tǔ dòu ní
pizza (f)	比萨饼	bǐ sà bǐng
porridge (m)	麦片粥	mài piàn zhōu
frittata (f)	鸡蛋饼	jīdàn bǐng
bollito (agg)	煮熟的	zhǔ shóu de
affumicato (agg)	熏烤的	xūn kǎo de
fritto (agg)	油煎的	yóu jiān de
secco (agg)	干的	gān de
congelato (agg)	冷冻的	lěng dòng de
sottoaceto (agg)	醋渍的	cù zì de
dolce (gusto)	甜的	tián de
salato (agg)	咸的	xián de
freddo (agg)	冷的	lěng de
caldo (agg)	烫的	tàng de
amaro (agg)	苦的	kǔ de
buono, gustoso (agg)	美味的	měi wèi de
cuocere, preparare (vt)	做饭	zuò fàn
cucinare (vi)	做饭	zuò fàn
friggere (vt)	油煎	yóu jiān
riscaldare (vt)	加热	jiā rè
salare (vt)	加盐	jiā yán
pepare (vt)	加胡椒	jiā hú jiāo
grattugiare (vt)	磨碎	mò suì
buccia (f)	皮	pí
sbucciare (vt)	剥皮	bāo pí

52. Cibo

carne (f)	肉	ròu
pollo (m)	鸡肉	jī ròu
pollo (m) novello	小鸡	xiǎo jī
anatra (f)	鸭子	yā zi
oca (f)	鹅肉	é ròu
cacciagione (f)	猎物	liè wù
tacchino (m)	火鸡	huǒ jī
maiale (m)	猪肉	zhū ròu
vitello (m)	小牛肉	xiǎo niú ròu
agnello (m)	羊肉	yáng ròu
manzo (m)	牛肉	niú ròu
coniglio (m)	兔肉	tù ròu
salame (m)	香肠	xiāng cháng
w?rstel (m)	小灌肠	xiǎo guàn cháng
pancetta (f)	腊肉	là ròu
prosciutto (m)	火腿	huǒ tuǐ
prosciutto (m) affumicato	熏火腿	xūn huǒ tuǐ
pâté (m)	鹅肝酱	é gān jiàng
fegato (m)	肝	gān

carne (f) trita	碎牛肉	suì niú ròu
lingua (f)	口条	kǒu tiáo
uovo (m)	鸡蛋	jī dàn
uova (f pl)	鸡蛋	jī dàn
albume (m)	蛋白	dàn bái
tuorlo (m)	蛋黄	dàn huáng
pesce (m)	鱼	yú
frutti (m pl) di mare	海鲜	hǎi xiān
caviale (m)	鱼子酱	yúzǐ jiàng
granchio (m)	螃蟹	páng xiè
gamberetto (m)	虾，小虾	xiā, xiǎo xiā
ostrica (f)	牡蛎	mǔ lì
aragosta (f)	龙虾	lóng xiā
polpo (m)	章鱼	zhāng yú
calamaro (m)	鱿鱼	yóu yú
storione (m)	鲟鱼	xú nyú
salmone (m)	鲑鱼	guī yú
ippoglosso (m)	比目鱼	bǐ mù yú
merluzzo (m)	鳕鱼	xuě yú
scombro (m)	鲭鱼	qīng yú
tonno (m)	金枪鱼	jīn qiāng yú
anguilla (f)	鳗鱼，鳝鱼	mán yú, shàn yú
trota (f)	鳟鱼	zūn yú
sardina (f)	沙丁鱼	shā dīng yú
luccio (m)	狗鱼	gǒu yú
aringa (f)	鲱鱼	fēi yú
pane (m)	面包	miàn bāo
formaggio (m)	奶酪	nǎi lào
zucchero (m)	糖	táng
sale (m)	盐，食盐	yán, shí yán
riso (m)	米	mǐ
pasta (f)	通心粉	tōng xīn fěn
tagliatelle (f pl)	面条	miàn tiáo
burro (m)	黄油	huáng yóu
olio (m) vegetale	植物油	zhí wù yóu
olio (m) di girasole	向日葵油	xiàng rì kuí yóu
margarina (f)	人造奶油	rénzào nǎi yóu
olive (f pl)	橄榄	gǎn lǎn
olio (m) d'oliva	橄榄油	gǎn lǎn yóu
latte (m)	牛奶	niú nǎi
latte (m) condensato	炼乳	liàn rǔ
yogurt (m)	酸奶	suān nǎi
panna (f) acida	酸奶油	suān nǎi yóu
panna (f)	奶油	nǎi yóu
maionese (m)	蛋黄酱	dàn huáng jiàng

crema (f)	乳脂	rǔ zhī
cereali (m pl)	谷粒	gǔ lì
farina (f)	面粉	miàn fěn
cibi (m pl) in scatola	罐头食品	guàn tou shí pǐn
fiocchi (m pl) di mais	玉米片	yù mǐ piàn
miele (m)	蜂蜜	fēng mì
marmellata (f)	果冻	guǒ dòng
gomma (f) da masticare	口香糖	kǒu xiāng táng

53. Bevande

acqua (f)	水	shuǐ
acqua (f) potabile	饮用水	yǐn yòng shuǐ
acqua (f) minerale	矿泉水	kuàng quán shuǐ
liscia (non gassata)	无气的	wú qì de
gassata (agg)	苏打 …	sū dá …
frizzante (agg)	汽水	qì shuǐ
ghiaccio (m)	冰	bīng
con ghiaccio	加冰的	jiā bīng de
analcolico (agg)	不含酒精的	bù hán jiǔ jīng de
bevanda (f) analcolica	软性饮料	ruǎn xìng yǐn liào
bibita (f)	清凉饮料	qīng liáng yǐn liào
limonata (f)	柠檬水	níng méng shuǐ
bevande (f pl) alcoliche	烈酒	liè jiǔ
liquore (m)	甜酒	tián jiǔ
champagne (m)	香槟	xiāng bīn
vermouth (m)	苦艾酒	kǔ ài jiǔ
whisky	威士忌酒	wēi shì jì jiǔ
vodka (f)	伏特加	fú tè jiā
gin (m)	杜松子酒	dù sōng zǐ jiǔ
cognac (m)	法国白兰地	fǎguó báilándì
rum (m)	朗姆酒	lǎng mǔ jiǔ
caffè (m)	咖啡	kāfēi
caffè (m) nero	黑咖啡	hēi kāfēi
caffè latte (m)	加牛奶的咖啡	jiāniúnǎide kāfēi
cappuccino (m)	卡布奇诺	kǎ bù jī nuò
caffè (m) solubile	速溶咖啡	sùróng kāfēi
latte (m)	牛奶	niú nǎi
cocktail (m)	鸡尾酒	jī wěi jiǔ
frullato (m)	奶昔	nǎi xī
succo (m)	果汁	guǒzhī
succo (m) di pomodoro	番茄汁	fān qié zhī
succo (m) d'arancia	橙子汁	chéng zi zhī
spremuta (f)	新鲜果汁	xīnxiān guǒzhī
birra (f)	啤酒	píjiǔ
birra (f) chiara	淡啤酒	dàn píjiǔ

birra (f) scura	黑啤酒	hēi píjiǔ
tè (m)	茶	chá
tè (m) nero	红茶	hóng chá
tè (m) verde	绿茶	lǜ chá

54. Verdure

| ortaggi (m pl) | 蔬菜 | shū cài |
| verdura (f) | 青菜 | qīng cài |

pomodoro (m)	西红柿	xī hóng shì
cetriolo (m)	黄瓜	huáng guā
carota (f)	胡萝卜	hú luó bo
patata (f)	土豆	tǔ dòu
cipolla (f)	洋葱	yáng cōng
aglio (m)	大蒜	dà suàn

cavolo (m)	洋白菜	yáng bái cài
cavolfiore (m)	菜花	cài huā
cavoletti (m pl) di Bruxelles	球芽甘蓝	qiú yá gān lán
broccolo (m)	西蓝花	xī lán huā

barbabietola (f)	甜菜	tiáncài
melanzana (f)	茄子	qié zi
zucchina (f)	西葫芦	xī hú lu
zucca (f)	南瓜	nán guā
rapa (f)	蔓菁	mán jing

prezzemolo (m)	欧芹	ōu qín
aneto (m)	莳萝	shì luó
lattuga (f)	生菜，莴苣	shēng cài, wō jù
sedano (m)	芹菜	qín cài
asparago (m)	芦笋	lú sǔn
spinaci (m pl)	菠菜	bō cài

pisello (m)	豌豆	wān dòu
fave (f pl)	豆子	dòu zi
mais (m)	玉米	yù mǐ
fagiolo (m)	四季豆	sì jì dòu

peperone (m)	胡椒，辣椒	hú jiāo, là jiāo
ravanello (m)	水萝卜	shuǐ luó bo
carciofo (m)	朝鲜蓟	cháo xiǎn jì

55. Frutta. Noci

frutto (m)	水果	shuǐ guǒ
mela (f)	苹果	píng guǒ
pera (f)	梨	lí
limone (m)	柠檬	níng méng
arancia (f)	橙子	chén zi
fragola (f)	草莓	cǎo méi

mandarino (m)	橘子	jú zi
prugna (f)	李子	lǐ zi
pesca (f)	桃子	táo zi
albicocca (f)	杏子	xìng zi
lampone (m)	覆盆子	fù pén zi
ananas (m)	菠萝	bō luó
banana (f)	香蕉	xiāng jiāo
anguria (f)	西瓜	xī guā
uva (f)	葡萄	pú tao
amarena (f)	樱桃	yīngtáo
ciliegia (f)	欧洲甜樱桃	oūzhōu tián yīngtáo
melone (m)	瓜，甜瓜	guā, tián guā
pompelmo (m)	葡萄柚	pú tao yòu
avocado (m)	鳄梨	è lí
papaia (f)	木瓜	mù guā
mango (m)	芒果	máng guǒ
melagrana (f)	石榴	shí liú
ribes (m) rosso	红醋栗	hóng cù lì
ribes (m) nero	黑醋栗	hēi cù lì
uva (f) spina	醋栗	cù lì
mirtillo (m)	越橘	yuè jú
mora (f)	黑莓	hēi méi
uvetta (f)	葡萄干	pútao gān
fico (m)	无花果	wú huā guǒ
dattero (m)	海枣	hǎi zǎo
arachide (f)	花生	huā shēng
mandorla (f)	杏仁	xìng rén
noce (f)	核桃	hé tao
nocciola (f)	榛子	zhēn zi
noce (f) di cocco	椰子	yē zi
pistacchi (m pl)	开心果	kāi xīn guǒ

56. Pane. Dolci

pasticceria (f)	油酥面饼	yóu sū miàn bǐng
pane (m)	面包	miàn bāo
biscotti (m pl)	饼干	bǐng gān
cioccolato (m)	巧克力	qiǎo kè lì
al cioccolato (agg)	巧克力的	qiǎo kè lì de
caramella (f)	糖果	táng guǒ
tortina (f)	小蛋糕	xiǎo dàngāo
torta (f)	蛋糕	dàngāo
crostata (f)	大馅饼	dà xiàn bǐng
ripieno (m)	馅	xiàn
marmellata (f)	果酱	guǒ jiàng
marmellata (f) di agrumi	酸果酱	suān guǒ jiàng

| wafer (m) | 华夫饼干 | huá fū bǐng gān |
| gelato (m) | 冰淇淋 | bīng qí lín |

57. Spezie

sale (m)	盐，食盐	yán, shí yán
salato (agg)	含盐的	hán yán de
salare (vt)	加盐	jiā yán

pepe (m) nero	黑胡椒	hēi hú jiāo
peperoncino (m)	红辣椒粉	hóng là jiāo fěn
senape (f)	芥末	jiè mo
cren (m)	辣根汁	là gēn zhī

condimento (m)	调味品	diào wèi pǐn
spezie (f pl)	香料	xiāng liào
salsa (f)	调味汁	tiáo wèi zhī
aceto (m)	醋	cù

anice (m)	茴芹	huí qín
basilico (m)	罗勒	luó lè
chiodi (m pl) di garofano	丁香	dīng xiāng
zenzero (m)	姜	jiāng
coriandolo (m)	芫荽	yuán suī
cannella (f)	肉桂	ròu guì

sesamo (m)	芝麻	zhī ma
alloro (m)	月桂叶	yuè guì yè
paprica (f)	红甜椒粉	hóng tián jiāo fěn
cumino (m)	葛缕子	gélǚ zi
zafferano (m)	番红花	fān hóng huā

INFORMAZIONI PERSONALI. FAMIGLIA

58. Informazioni personali. Moduli

nome (m)	名字	míng zi
cognome (m)	姓	xìng
data (f) di nascita	出生日期	chū shēng rì qī
luogo (m) di nascita	出生地	chū shēng dì
nazionalità (f)	国籍	guó jí
domicilio (m)	住所地	zhù suǒ dì
paese (m)	国家	guó jiā
professione (f)	职业	zhí yè
sesso (m)	性，性别	xìng, xìngbié
statura (f)	身高	shēn gāo
peso (m)	重量	zhòng liàng

59. Membri della famiglia. Parenti

madre (f)	母亲	mǔ qīn
padre (m)	父亲	fù qīn
figlio (m)	儿子	ér zi
figlia (f)	女儿	nǚ ér
figlia (f) minore	最小的女儿	zuìxiǎode nǚ ér
figlio (m) minore	最小的儿子	zuìxiǎode ér zi
figlia (f) maggiore	最大的女儿	zuìdàde nǚér
figlio (m) maggiore	最大的儿子	zuìdàde ér zi
fratello (m) maggiore	哥哥	gēge
fratello (m) minore	弟弟	dìdi
sorella (f) maggiore	姐姐	jiějie
sorella (f) minore	妹妹	mèi mei
cugino (m)	堂兄弟，表兄弟	tángxiōngdì, biǎoxiōngdì
cugina (f)	堂姊妹，表姊妹	tángzǐmèi, biǎozǐmèi
mamma (f)	妈妈	mā ma
papà (m)	爸爸	bàba
genitori (m pl)	父母	fù mǔ
bambino (m)	孩子	hái zi
bambini (m pl)	孩子们	hái zi men
nonna (f)	姥姥	lǎo lao
nonno (m)	爷爷	yé ye
nipote (m) (figlio di un figlio)	孙子	sūn zi
nipote (f)	孙女	sūn nǚ
nipoti (pl)	孙子们	sūn zi men

zio (m)	姑爹	gū diē
zia (f)	姑妈	gū mā
nipote (m) (figlio di un fratello)	侄子	zhí zi
nipote (f)	侄女	zhí nǔ
suocera (f)	岳母	yuè mǔ
suocero (m)	公公	gōng gong
genero (m)	女婿	nǔ xu
matrigna (f)	继母	jì mǔ
patrigno (m)	继父	jì fù
neonato (m)	婴儿	yīng ér
infante (m)	婴儿	yīng ér
bimbo (m), ragazzino (m)	小孩	xiǎo hái
moglie (f)	妻子	qī zi
marito (m)	老公	lǎo gōng
coniuge (m)	配偶	pèi ǒu
coniuge (f)	配偶	pèi ǒu
sposato (agg)	结婚的	jié hūn de
sposata (agg)	结婚的	jié hūn de
celibe (agg)	独身的	dú shēn de
scapolo (m)	单身汉	dān shēn hàn
divorziato (agg)	离婚的	lí hūn de
vedova (f)	寡妇	guǎ fu
vedovo (m)	鳏夫	guān fū
parente (m)	亲戚	qīn qi
parente (m) stretto	近亲	jìn qīn
parente (m) lontano	远亲	yuǎn qīn
parenti (m pl)	亲属	qīn shǔ
orfano (m), orfana (f)	孤儿	gū ér
tutore (m)	监护人	jiān hù rén
adottare (~ un bambino)	收养	shōu yǎng
adottare (~ una bambina)	收养	shōu yǎng

60. Amici. Colleghi

amico (m)	朋友	péngyou
amica (f)	女性朋友	nǔxìng péngyou
amicizia (f)	友谊	yǒu yì
essere amici	交朋友	jiāo péngyou
amico (m) (inform.)	朋友	péngyou
amica (f) (inform.)	朋友	péngyou
partner (m)	搭档	dā dàng
capo (m)	老板	lǎo bǎn
proprietario (m)	物主	wù zhǔ
subordinato (m)	下属	xià shǔ
collega (m)	同事	tóng shì
conoscente (m)	熟人	shú rén

| compagno (m) di viaggio | 旅伴 | lǚ bàn |
| compagno (m) di classe | 同学 | tóng xué |

vicino (m)	邻居	lín jū
vicina (f)	邻居	lín jū
vicini (m pl)	邻居们	lín jū men

CORPO UMANO. MEDICINALI

61. Testa

testa (f)	头	tóu
viso (m)	脸，面孔	liǎn, miàn kǒng
naso (m)	鼻子	bí zi
bocca (f)	口，嘴	kǒu, zuǐ
occhio (m)	眼	yǎn
occhi (m pl)	眼睛	yǎn jing
pupilla (f)	瞳孔	tóng kǒng
sopracciglio (m)	眉毛	méi mao
ciglio (m)	睫毛	jié máo
palpebra (f)	眼皮	yǎn pí
lingua (f)	舌，舌头	shé, shé tou
dente (m)	牙，牙齿	yá, yá chǐ
labbra (f pl)	唇	chún
zigomi (m pl)	颧骨	quán gǔ
gengiva (f)	齿龈	chǐ yín
palato (m)	腭	è
narici (f pl)	鼻孔	bí kǒng
mento (m)	颏	kē
mascella (f)	下颌	xià hé
guancia (f)	脸颊	liǎn jiá
fronte (f)	前额	qián é
tempia (f)	太阳穴	tài yáng xué
orecchio (m)	耳朵	ěr duo
nuca (f)	后脑勺儿	hòu nǎo sháo r
collo (m)	颈	jǐng
gola (f)	喉部	hóu bù
capelli (m pl)	头发	tóu fa
pettinatura (f)	发型	fà xíng
taglio (m)	发式	fà shì
parrucca (f)	假发	jiǎ fà
baffi (m pl)	胡子	hú zi
barba (f)	胡须	hú xū
portare (~ la barba, ecc.)	蓄着	xù zhuó
treccia (f)	辫子	biàn zi
basette (f pl)	鬓角	bìn jiǎo
rosso (agg)	红发的	hóng fà de
brizzolato (agg)	灰白的	huī bái de
calvo (agg)	秃头的	tū tóu de
calvizie (f)	秃头	tū tóu

| coda (f) di cavallo | 马尾辫 | mǎ wěi biàn |
| frangetta (f) | 刘海 | liú hǎi |

62. Corpo umano

| mano (f) | 手 | shǒu |
| braccio (m) | 胳膊 | gēbo |

dito (m)	手指	shǒu zhǐ
pollice (m)	拇指	mǔ zhǐ
mignolo (m)	小指	xiǎo zhǐ
unghia (f)	指甲	zhǐ jia

pugno (m)	拳	quán
palmo (m)	手掌	shǒu zhǎng
polso (m)	腕	wàn
avambraccio (m)	前臂	qián bì
gomito (m)	肘	zhǒu
spalla (f)	肩膀	jiān bǎng

gamba (f)	腿	tuǐ
pianta (f) del piede	脚，足	jiǎo, zú
ginocchio (m)	膝，膝盖	xī, xī gài
polpaccio (m)	小腿肚	xiǎo tuǐ dù
anca (f)	臀部	tún bù
tallone (m)	后跟	hòu gēn

corpo (m)	身体	shēntǐ
pancia (f)	腹，腹部	fù, fù bù
petto (m)	胸	xiōng
seno (m)	乳房	rǔ fáng
fianco (m)	体侧	tǐ cè
schiena (f)	背	bèi
zona (f) lombare	下背	xià bèi
vita (f)	腰	yāo

ombelico (m)	肚脐	dù qí
natiche (f pl)	臀部，屁股	tún bù, pì gu
sedere (m)	屁股	pì gu

neo (m)	痣	zhì
voglia (f) (~ di fragola)	胎痣	tāi zhì
tatuaggio (m)	文身	wén shēn
cicatrice (f)	疤	bā

63. Malattie

malattia (f)	病	bìng
essere malato	生病	shēng bìng
salute (f)	健康	jiàn kāng
raffreddore (m)	流鼻涕	liú bí tì
tonsillite (f)	扁桃体炎	biǎn táo tǐ yán

raffreddore (m)	感冒	gǎn mào
raffreddarsi (vr)	感冒	gǎn mào
bronchite (f)	支气管炎	zhī qì guǎn yán
polmonite (f)	肺炎	fèi yán
influenza (f)	流感	liú gǎn
miope (agg)	近视的	jìn shì de
presbite (agg)	远视的	yuǎn shì de
strabismo (m)	斜眼	xié yǎn
strabico (agg)	对眼的	duì yǎn de
cateratta (f)	白内障	bái nèi zhàng
glaucoma (m)	青光眼	qīng guān gyǎn
ictus (m) cerebrale	中风	zhòng fēng
attacco (m) di cuore	梗塞	gěng sè
infarto (m) miocardico	心肌梗塞	xīn jī gěng sè
paralisi (f)	麻痹	má bì
paralizzare (vt)	使 … 麻痹	shǐ … má bì
allergia (f)	过敏	guò mǐn
asma (f)	哮喘	xiāo chuǎn
diabete (m)	糖尿病	táng niào bìng
mal (m) di denti	牙痛	yá tòng
carie (f)	龋齿	qǔ chǐ
diarrea (f)	腹泻	fù xiè
stitichezza (f)	便秘	biàn bì
disturbo (m) gastrico	饮食失调	yǐn shí shī tiáo
intossicazione (f) alimentare	食物中毒	shí wù zhòng dú
intossicarsi (vr)	中毒	zhòng dú
artrite (f)	关节炎	guān jié yán
rachitide (f)	佝偻病	kòu lóu bìng
reumatismo (m)	风湿	fēng shī
aterosclerosi (f)	动脉粥样硬化	dòng mài zhōu yàng yìng huà
gastrite (f)	胃炎	wèi yán
appendicite (f)	阑尾炎	lán wěi yán
colecistite (f)	胆囊炎	dǎn nán gyán
ulcera (f)	溃疡	kuì yáng
morbillo (m)	麻疹	má zhěn
rosolia (f)	风疹	fēng zhěn
itterizia (f)	黄疸	huáng dǎn
epatite (f)	肝炎	gān yán
schizofrenia (f)	精神分裂症	jīngshen fēnliè zhèng
rabbia (f)	狂犬病	kuáng quǎn bìng
nevrosi (f)	神经症	shén jīng zhèng
commozione (f) cerebrale	脑震荡	nǎo zhèn dàng
cancro (m)	癌症	ái zhèng
sclerosi (f)	硬化	yìng huà
sclerosi (f) multipla	多发性硬化症	duǒ fā xìng yìng huà zhèng

alcolismo (m)	酗酒	xù jiǔ
alcolizzato (m)	酗酒者	xù jiǔ zhě
sifilide (f)	梅毒	méi dú
AIDS (m)	艾滋病	ài zī bìng
tumore (m)	肿瘤	zhǒng liú
febbre (f)	发烧	fā shāo
malaria (f)	疟疾	nuè ji
cancrena (f)	坏疽	huài jū
mal (m) di mare	晕船	yùn chuán
epilessia (f)	癫痫	diān xián
epidemia (f)	流行病	liú xíng bìng
tifo (m)	斑疹伤寒	bān zhěn shāng hán
tubercolosi (f)	结核病	jié hé bìng
colera (m)	霍乱	huò luàn
peste (f)	瘟疫	wēn yì

64. Sintomi. Cure. Parte 1

sintomo (m)	症状	zhèng zhuàng
temperatura (f)	体温	tǐ wēn
febbre (f) alta	发热	fā rè
polso (m)	脉搏	mài bó
capogiro (m)	眩晕	xuàn yùn
caldo (agg)	热	rè
brivido (m)	颤抖	chàn dǒu
pallido (un viso ~)	苍白的	cāng bái de
tosse (f)	咳嗽	ké sou
tossire (vi)	咳，咳嗽	ké, ké sou
starnutire (vi)	打喷嚏	dǎ pēn tì
svenimento (m)	晕倒	yūn dǎo
svenire (vi)	晕倒	yūn dǎo
livido (m)	青伤痕	qīng shāng hén
bernoccolo (m)	包	bāo
farsi un livido	擦伤	cā shāng
contusione (f)	擦伤	cā shāng
farsi male	瘀伤	yū shāng
zoppicare (vi)	跛行	bǒ xíng
slogatura (f)	脱位	tuō wèi
slogarsi (vr)	使 ⋯ 脱位	shǐ ... tuō wèi
frattura (f)	骨折	gǔ zhé
fratturarsi (vr)	弄骨折	nòng gǔzhé
taglio (m)	伤口	shāng kǒu
tagliarsi (vr)	割破	gē pò
emorragia (f)	流血	liú xuè
scottatura (f)	烧伤	shāo shāng
scottarsi (vr)	烧伤	shāo shāng

pungere (vt)	扎破	zhā pò
pungersi (vr)	扎伤	zhā shāng
ferire (vt)	损伤	sǔn shāng
ferita (f)	损伤	sǔn shāng
lesione (f)	伤口	shāng kǒu
trauma (m)	外伤	wài shāng
delirare (vi)	说胡话	shuō hú huà
tartagliare (vi)	口吃	kǒu chī
colpo (m) di sole	中暑	zhòng shǔ

65. Sintomi. Cure. Parte 2

dolore (m), male (m)	痛	tòng
scheggia (f)	木刺	mù cì
sudore (m)	汗	hàn
sudare (vi)	出汗	chū hàn
vomito (m)	呕吐	ǒu tù
convulsioni (f pl)	抽搐	chōu chù
incinta (agg)	怀孕的	huái yùn de
nascere (vi)	出生	chū shēng
parto (m)	生产，分娩	shēngchǎn, fēnmiǎn
essere in travaglio di parto	生，分娩	shēng, fēnmiǎn
aborto (m)	人工流产	rén gōng liú chǎn
respirazione (f)	呼吸	hū xī
inspirazione (f)	吸	xī
espirazione (f)	呼气	hū qì
espirare (vi)	呼出	hū chū
inspirare (vi)	吸入	xī rù
invalido (m)	残疾人	cán jí rén
storpio (m)	残疾人	cán jí rén
drogato (m)	吸毒者	xī dú zhě
sordo (agg)	聋的	lóng de
muto (agg)	哑的	yǎ de
sordomuto (agg)	聋哑的	lóng yǎ de
matto (agg)	精神失常的	jīngshen shī cháng de
matto (m)	疯子	fēng zi
matta (f)	疯子	fēng zi
impazzire (vi)	发疯	fā fēng
gene (m)	基因	jī yīn
immunità (f)	免疫力	miǎn yì lì
ereditario (agg)	遗传的	yí chuán de
innato (agg)	天生的	tiān shēng de
virus (m)	病毒	bìng dú
microbo (m)	微生物	wēi shēng wù
batterio (m)	细菌	xì jūn
infezione (f)	传染	chuán rǎn

66. Sintomi. Cure. Parte 3

ospedale (m)	医院	yī yuàn
paziente (m)	病人	bìng rén
diagnosi (f)	诊断	zhěn duàn
cura (f)	治疗	zhì liáo
trattamento (m)	治疗	zhì liáo
curarsi (vr)	治病	zhì bìng
curare (vt)	治疗	zhì liáo
accudire (un malato)	看护	kān hù
assistenza (f)	护理	hùlǐ
operazione (f)	手术	shǒu shù
bendare (vt)	用绷带包扎	yòng bēngdài bāozā
fasciatura (f)	绷带法	bēngdài fǎ
vaccinazione (f)	疫苗	yìmiáo
vaccinare (vt)	给 … 接种疫苗	gěi … jiē zhòng yì miáo
iniezione (f)	注射	zhù shè
fare una puntura	打针	dǎ zhēn
attacco (m) (~ epilettico)	发作	fāzuò
amputazione (f)	截肢	jié zhī
amputare (vt)	截肢	jié zhī
coma (m)	昏迷	hūn mí
essere in coma	昏迷	hūn mí
rianimazione (f)	重症监护室	zhòng zhēng jiàn hù shì
guarire (vi)	复原	fù yuán
stato (f) (del paziente)	状态	zhuàng tài
conoscenza (f)	知觉	zhī jué
memoria (f)	记忆力	jì yì lì
estrarre (~ un dente)	拔牙	bá yá
otturazione (f)	补牙	bǔ yá
otturare (vt)	补牙	bǔ yá
ipnosi (f)	催眠	cuī mián
ipnotizzare (vt)	催眠	cuī mián

67. Medicinali. Farmaci. Accessori

medicina (f)	药	yào
rimedio (m)	药剂	yào jì
prescrivere (vt)	开药方	kāi yào fāng
prescrizione (f)	药方	yào fāng
compressa (f)	药片	yào piàn
unguento (m)	药膏	yào gāo
fiala (f)	安瓶	ān bù
pozione (f)	药水	yào shuǐ
sciroppo (m)	糖浆	táng jiāng

pillola (f)	药丸	yào wán
polverina (f)	药粉	yào fěn
benda (f)	绷带	bēngdài
ovatta (f)	药棉	yào mián
iodio (m)	碘酒	diǎn jiǔ
cerotto (m)	橡皮膏	xiàng pí gāo
contagocce (m)	滴管	dī guǎn
termometro (m)	体温表	tǐ wēn biǎo
siringa (f)	注射器	zhù shè qì
sedia (f) a rotelle	轮椅	lú nyǐ
stampelle (f pl)	拐杖	guǎi zhàng
analgesico (m)	止痛药	zhǐ tòng yào
lassativo (m)	泻药	xiè yào
alcol (m)	酒精	jiǔ jīng
erba (f) officinale	药草	yào cǎo
d'erbe (infuso ~)	草药的	cǎo yào de

APPARTAMENTO

68. Appartamento

appartamento (m)	公寓	gōng yù
camera (f), stanza (f)	房间	fáng jiān
camera (f) da letto	卧室	wòshì
sala (f) da pranzo	餐厅	cān tīng
salotto (m)	客厅	kè tīng
studio (m)	书房	shū fáng
ingresso (m)	入口空间	rù kǒu kōng jiān
bagno (m)	浴室	yù shì
gabinetto (m)	卫生间	wèi shēng jiān
soffitto (m)	天花板	tiān huā bǎn
pavimento (m)	地板	dì bǎn
angolo (m)	墙角	qiáng jiǎo

69. Arredamento. Interno

mobili (m pl)	家具	jiā jù
tavolo (m)	桌子	zhuō zi
sedia (f)	椅子	yǐ zi
letto (m)	床	chuáng
divano (m)	沙发	shā fā
poltrona (f)	扶手椅	fú shǒu yǐ
libreria (f)	书橱	shū chú
ripiano (m)	书架	shū jià
armadio (m)	衣柜	yī guì
attaccapanni (m) da parete	墙衣帽架	qiáng yī mào jià
appendiabiti (m) da terra	衣帽架	yī mào jià
comò (m)	五斗柜	wǔ dǒu guì
tavolino (m) da salotto	茶几	chá jī
specchio (m)	镜子	jìng zi
tappeto (m)	地毯	dìtǎn
tappetino (m)	小地毯	xiǎo dìtǎn
camino (m)	壁炉	bì lú
candela (f)	蜡烛	là zhú
candeliere (m)	烛台	zhútái
tende (f pl)	窗帘	chuāng lián
carta (f) da parati	墙纸	qiáng zhǐ

tende (f pl) alla veneziana	百叶窗	bǎi yè chuāng
lampada (f) da tavolo	台灯	tái dēng
lampada (f) da parete	灯	dēng
lampada (f) a stelo	落地灯	luò dì dēng
lampadario (m)	枝形吊灯	zhī xíng diào dēng
gamba (f)	腿	tuǐ
bracciolo (m)	扶手	fú shou
spalliera (f)	靠背	kào bèi
cassetto (m)	抽屉	chōu tì

70. Biancheria da letto

biancheria (f) da letto	铺盖	pū gài
cuscino (m)	枕头	zhěn tou
federa (f)	枕套	zhěn tào
coperta (f)	羽绒被	yǔ róng bèi
lenzuolo (m)	床单	chuáng dān
copriletto (m)	床罩	chuáng zhào

71. Cucina

cucina (f)	厨房	chú fáng
gas (m)	煤气	méi qì
fornello (m) a gas	煤气炉	méi qì lú
fornello (m) elettrico	电炉	diàn lú
forno (m)	烤箱	kǎo xiāng
forno (m) a microonde	微波炉	wēi bō lú
frigorifero (m)	冰箱	bīng xiāng
congelatore (m)	冷冻室	lěng dòng shì
lavastoviglie (f)	洗碗机	xǐ wǎn jī
tritacarne (m)	绞肉机	jiǎo ròu jī
spremifrutta (m)	榨汁机	zhà zhī jī
tostapane (m)	烤面包机	kǎo miàn bāo jī
mixer (m)	搅拌机	jiǎo bàn jī
macchina (f) da caffè	咖啡机	kāfēi jī
caffettiera (f)	咖啡壶	kāfēi hú
macinacaffè (m)	咖啡研磨器	kāfēi yánmóqì
bollitore (m)	开水壶	kāi shuǐ hú
teiera (f)	茶壶	chá hú
coperchio (m)	盖子	gài zi
colino (m) da tè	滤茶器	lù chá qì
cucchiaio (m)	匙子	chá zi
cucchiaino (m) da tè	茶匙	chá chí
cucchiaio (m)	汤匙	tāng chí
forchetta (f)	叉，餐叉	chā, cān chā
coltello (m)	刀，刀子	dāo, dāo zi

stoviglie (f pl)	餐具	cān jù
piatto (m)	盘子	pán zi
piattino (m)	碟子	dié zi

cicchetto (m)	小酒杯	xiǎo jiǔ bēi
bicchiere (m) (~ d'acqua)	杯子	bēi zi
tazzina (f)	杯子	bēi zi

zuccheriera (f)	糖碗	táng wǎn
saliera (f)	盐瓶	yán píng
pepiera (f)	胡椒瓶	hú jiāo píng
burriera (f)	黄油碟	huáng yóu dié

pentola (f)	炖锅	dùn guō
padella (f)	煎锅	jiān guō
mestolo (m)	长柄勺	cháng bǐng sháo
colapasta (m)	漏勺	lòu sháo
vassoio (m)	托盘	tuō pán

bottiglia (f)	瓶子	píng zi
barattolo (m) di vetro	玻璃罐	bōli guàn
latta, lattina (f)	罐头	guàn tou

apribottiglie (m)	瓶起子	píng qǐ zi
apriscatole (m)	开罐器	kāi guàn qì
cavatappi (m)	螺旋 拔塞器	luóxuán básāiqì
filtro (m)	滤器	lǜ qì
filtrare (vt)	过滤	guò lǜ

| spazzatura (f) | 垃圾 | lā jī |
| pattumiera (f) | 垃圾桶 | lā jī tǒng |

72. Bagno

bagno (m)	浴室	yù shì
acqua (f)	水	shuǐ
rubinetto (m)	水龙头	shuǐ lóng tóu
acqua (f) calda	热水	rè shuǐ
acqua (f) fredda	冷水	lěng shuǐ

| dentifricio (m) | 牙膏 | yá gāo |
| lavarsi i denti | 刷牙 | shuā yá |

rasarsi (vr)	剃须	tì xū
schiuma (f) da barba	剃须泡沫	tì xū pào mò
rasoio (m)	剃须刀	tì xū dāo

lavare (vt)	洗	xǐ
fare un bagno	洗澡	xǐ zǎo
doccia (f)	淋浴	lín yù
fare una doccia	洗淋浴	xǐ lín yù

| vasca (f) da bagno | 浴缸 | yù gāng |
| water (m) | 抽水马桶 | chōu shuǐ mǎ tǒng |

lavandino (m)	水槽	shuǐ cáo
sapone (m)	肥皂	féi zào
porta (m) sapone	肥皂盒	féi zào hé
spugna (f)	清洁绵	qīng jié mián
shampoo (m)	洗发液	xǐ fā yè
asciugamano (m)	毛巾，浴巾	máo jīn, yù jīn
accappatoio (m)	浴衣	yù yī
bucato (m)	洗衣	xǐ yī
lavatrice (f)	洗衣机	xǐ yī jī
fare il bucato	洗衣服	xǐ yī fu
detersivo (m) per il bucato	洗衣粉	xǐ yī fěn

73. Elettrodomestici

televisore (m)	电视机	diàn shì jī
registratore (m) a nastro	录音机	lù yīn jī
videoregistratore (m)	录像机	lù xiàng jī
radio (f)	收音机	shōu yīn jī
lettore (m)	播放器	bō fàng qì
videoproiettore (m)	投影器	tóu yǐng qì
home cinema (m)	家庭影院系统	jiā tíng yǐng yuàn xì tǒng
lettore (m) DVD	DVD 播放机	diwidi bōfàngjī
amplificatore (m)	放大器	fàng dà qì
console (f) video giochi	电子游戏机	diànzǐ yóuxìjī
videocamera (f)	摄像机	shè xiàng jī
macchina (f) fotografica	照相机	zhào xiàng jī
fotocamera (f) digitale	数码相机	shù mǎ xiàng jī
aspirapolvere (m)	吸尘器	xī chén qì
ferro (m) da stiro	熨斗	yùn dǒu
asse (f) da stiro	熨衣板	yùn yī bǎn
telefono (m)	电话	diàn huà
telefonino (m)	手机	shǒu jī
macchina (f) da scrivere	打字机	dǎ zì jī
macchina (f) da cucire	缝纫机	féng rèn jī
microfono (m)	话筒	huà tǒng
cuffia (f)	耳机	ěr jī
telecomando (m)	遥控器	yáo kòng qì
CD (m)	光盘	guāng pán
cassetta (f)	磁带	cí dài
disco (m) (vinile)	唱片	chàng piàn

LA TERRA. TEMPO

74. L'Universo

cosmo (m)	宇宙	yǔ zhòu
cosmico, spaziale (agg)	宇宙的，太空	yǔ zhòu de, tài kōng
spazio (m) cosmico	外层空间	wài céng kōng jiān
universo, mondo (m)	宇宙	yǔ zhòu
galassia (f)	银河系	yín hé xì
stella (f)	星，恒星	xīng, héng xīng
costellazione (f)	星座	xīng zuò
pianeta (m)	行星	xíng xīng
satellite (m)	卫星	wèi xīng
meteorite (m)	陨石	yǔn shí
cometa (f)	彗星	huì xīng
asteroide (m)	小行星	xiǎo xíng xīng
orbita (f)	轨道	guǐ dào
ruotare (vi)	公转	gōng zhuàn
atmosfera (f)	大气层	dà qì céng
il Sole	太阳	tài yáng
sistema (m) solare	太阳系	tài yáng xì
eclisse (f) solare	日食	rì shí
la Terra	地球	dì qiú
la Luna	月球	yuè qiú
Marte (m)	火星	huǒ xīng
Venere (f)	金星	jīn xīng
Giove (m)	木星	mù xīng
Saturno (m)	土星	tǔ xīng
Mercurio (m)	水星	shuǐ xīng
Urano (m)	天王星	tiān wáng xīng
Nettuno (m)	海王星	hǎi wáng xīng
Plutone (m)	冥王星	míng wáng xīng
Via (f) Lattea	银河	yín hé
Orsa (f) Maggiore	大熊座	dà xióng zuò
Stella (f) Polare	北极星	běi jí xīng
marziano (m)	火星人	huǒ xīng rén
extraterrestre (m)	外星人	wài xīng rén
alieno (m)	外星人	wài xīng rén
disco (m) volante	飞碟	fēi dié
nave (f) spaziale	宇宙飞船	yǔ zhòu fēi chuán

stazione (f) spaziale	宇宙空间站	yǔ zhòu kōng jiān zhàn
lancio (m)	发射	fā shè
motore (m)	发动机	fā dòng jī
ugello (m)	喷嘴	pēn zuǐ
combustibile (m)	燃料	rán liào

cabina (f) di pilotaggio	座舱	zuò cāng
antenna (f)	天线	tiān xiàn
oblò (m)	舷窗	xián chuāng
batteria (f) solare	太阳能电池	tàiyáng néng diànchí
scafandro (m)	太空服	tài kōng fú

imponderabilità (f)	失重	shī zhòng
ossigeno (m)	氧气	yǎng qì
aggancio (m)	对接	duì jiē
agganciarsi (vr)	对接	duì jiē

osservatorio (m)	天文台	tiānwén tái
telescopio (m)	天文望远镜	tiānwén wàngyuǎnjìng
osservare (vt)	观察到	guān chá dào
esplorare (vt)	探索	tàn suǒ

75. La Terra

la Terra	地球	dì qiú
globo (m) terrestre	地球	dì qiú
pianeta (m)	行星	xíng xīng

atmosfera (f)	大气层	dà qì céng
geografia (f)	地理学	dì lǐ xué
natura (f)	自然界	zì rán jiè

mappamondo (m)	地球仪	dì qiú yí
carta (f) geografica	地图	dì tú
atlante (m)	地图册	dì tú cè

Europa (f)	欧洲	oūzhōu
Asia (f)	亚洲	yàzhōu
Africa (f)	非洲	fēizhōu
Australia (f)	澳洲	àozhōu

America (f)	美洲	měizhōu
America (f) del Nord	北美洲	běiměizhōu
America (f) del Sud	南美洲	nánměizhōu

| Antartide (f) | 南极洲 | nánjízhōu |
| Artico (m) | 北极地区 | běijídìqū |

76. Punti cardinali

| nord (m) | 北方 | běi fāng |
| a nord | 朝北 | cháo běi |

| al nord | 在北方 | zài běi fāng |
| del nord (agg) | 北方的 | běi fāng de |

sud (m)	南方	nán fāng
a sud	朝南	cháo nán
al sud	在南方	zài nán fāng
del sud (agg)	南方的	nán fāng de

ovest (m)	西方	xī fāng
a ovest	朝西	cháo xī
all'ovest	在西方	zài xī fāng
dell'ovest, occidentale	西方的	xī fāng de

est (m)	东方	dōng fāng
a est	朝东	cháo dōng
all'est	在东方	zài dōng fāng
dell'est, orientale	东方的	dōng fāng de

77. Mare. Oceano

mare (m)	海，大海	hǎi, dà hǎi
oceano (m)	海洋，大海	hǎi yáng, dà hǎi
golfo (m)	海湾	hǎi wān
stretto (m)	海峡	hǎi xiá

terra (f) (terra firma)	陆地	lù dì
continente (m)	大陆，洲	dà lù, zhōu
isola (f)	岛，海岛	dǎo, hǎi dǎo
penisola (f)	半岛	bàn dǎo
arcipelago (m)	群岛	qún dǎo

baia (f)	海湾	hǎi wān
porto (m)	港口	gǎng kǒu
laguna (f)	泻湖	xiè hú
capo (m)	海角	hǎi jiǎo

atollo (m)	环状珊瑚岛	huánzhuàng shānhúdǎo
scogliera (f)	礁	jiāo
corallo (m)	珊瑚	shān hú
barriera (f) corallina	珊瑚礁	shān hú jiāo

profondo (agg)	深的	shēn de
profondità (f)	深度	shēn dù
abisso (m)	深渊	shēn yuān
fossa (f) (~ delle Marianne)	海沟	hǎi gōu

| corrente (f) | 水流 | shuǐ liú |
| circondare (vt) | 环绕 | huán rào |

| litorale (m) | 岸 | àn |
| costa (f) | 海岸，海滨 | hǎi àn, hǎi bīn |

| alta marea (f) | 高潮 | gāo cháo |
| bassa marea (f) | 落潮 | luò cháo |

banco (m) di sabbia	沙洲	shā zhōu
fondo (m)	海底	hǎi dǐ
onda (f)	波浪	bō làng
cresta (f) dell'onda	浪峰	làng fēng
schiuma (f)	泡沫	pào mò
tempesta (f)	风暴	fēng bào
uragano (m)	飓风	jù fēng
tsunami (m)	海啸	hǎi xiào
bonaccia (f)	风平浪静	fēng píng làng jìng
tranquillo (agg)	平静的	píng jìng de
polo (m)	北极	běi jí
polare (agg)	北极的	běi jí de
latitudine (f)	纬度	wěi dù
longitudine (f)	经度	jīng dù
parallelo (m)	纬线	wěi xiàn
equatore (m)	赤道	chì dào
cielo (m)	天	tiān
orizzonte (m)	地平线	dì píng xiàn
aria (f)	空气	kōng qì
faro (m)	灯塔	dēng tǎ
tuffarsi (vr)	跳水	tiào shuǐ
affondare (andare a fondo)	沉没	chén mò
tesori (m)	宝物	bǎo wù

78. Nomi dei mari e degli oceani

Oceano (m) Atlantico	大西洋	dà xī yáng
Oceano (m) Indiano	印度洋	yìn dù yáng
Oceano (m) Pacifico	太平洋	tài píng yáng
mar (m) Glaciale Artico	北冰洋	běi bīng yáng
mar (m) Nero	黑海	hēi hǎi
mar (m) Rosso	红海	hóng hǎi
mar (m) Giallo	黄海	huáng hǎi
mar (m) Bianco	白海	bái hǎi
mar (m) Caspio	里海	lǐ hǎi
mar (m) Morto	死海	sǐ hǎi
mar (m) Mediterraneo	地中海	dìzhōng hǎi
mar (m) Egeo	爱琴海	àiqín hǎi
mar (m) Adriatico	亚得里亚海	yàdélǐyà hǎi
mar (m) Arabico	阿拉伯海	ālābó hǎi
mar (m) del Giappone	日本海	rìběn hǎi
mare (m) di Bering	白令海	báilìng hǎi
mar (m) Cinese meridionale	南海	nán hǎi
mar (m) dei Coralli	珊瑚海	shānhú hǎi

| mar (m) di Tasman | 塔斯曼海 | tǎsīmàn hǎi |
| mar (m) dei Caraibi | 加勒比海 | jiālèbǐ hǎi |

| mare (m) di Barents | 巴伦支海 | bālúnzhī hǎi |
| mare (m) di Kara | 喀拉海 | kālā hǎi |

mare (m) del Nord	北海	běi hǎi
mar (m) Baltico	波罗的海	bōluódì hǎi
mare (m) di Norvegia	挪威海	nuówēi hǎi

79. Montagne

monte (m), montagna (f)	山	shān
catena (f) montuosa	山脉	shān mài
crinale (m)	山脊	shān jǐ

cima (f)	山顶	shān dǐng
picco (m)	山峰	shān fēng
piedi (m pl)	山脚	shān jiǎo
pendio (m)	山坡	shān pō

vulcano (m)	火山	huǒ shān
vulcano (m) attivo	活火山	huó huǒ shān
vulcano (m) inattivo	死火山	sǐ huǒ shān

eruzione (f)	喷发	pèn fā
cratere (m)	火山口	huǒ shān kǒu
magma (m)	岩浆	yán jiāng
lava (f)	熔岩	róng yán
fuso (lava ~a)	炽热的	chì rè de

canyon (m)	峡谷	xiá gǔ
gola (f)	峡谷	xiá gǔ
crepaccio (m)	裂罅	liè xià

passo (m), valico (m)	山口	shān kǒu
altopiano (m)	高原	gāo yuán
falesia (f)	悬崖	xuán yá
collina (f)	小山	xiǎo shān

| ghiacciaio (m) | 冰川，冰河 | bīng chuān, bīng hé |
| cascata (f) | 瀑布 | pù bù |

| geyser (m) | 间歇泉 | jiàn xiē quán |
| lago (m) | 湖 | hú |

pianura (f)	平原	píng yuán
paesaggio (m)	风景	fēng jǐng
eco (f)	回声	huí shēng

alpinista (m)	登山家	dēng shān jiā
scalatore (m)	攀岩者	pān yán zhě
conquistare (~ una cima)	征服	zhēng fú
scalata (f)	登山	dēng shān

80. Nomi delle montagne

Alpi (f pl)	阿尔卑斯	āěrbēisī
Monte (m) Bianco	勃朗峰	bólǎngfēng
Pirenei (m pl)	比利牛斯	bǐliniúsī
Carpazi (m pl)	喀尔巴阡	kāerbāqiān
gli Urali (m pl)	乌拉尔山脉	wūlāěr shānmài
Caucaso (m)	高加索	gāojiāsuǒ
Monte (m) Elbrus	厄尔布鲁士山	èěrbùlǔshishān
Monti (m pl) Altai	阿尔泰	āěrtài
Tien Shan (m)	天山	tiānshān
Pamir (m)	帕米尔高原	pàmǐěr gāoyuán
Himalaia (m)	喜马拉雅山	xǐmǎlāyǎ shān
Everest (m)	珠穆朗玛峰	zhūmùlǎngmǎfēng
Ande (f pl)	安第斯	āndìsī
Kilimangiaro (m)	乞力马扎罗	qǐlìmǎzháluó

81. Fiumi

fiume (m)	河，江	hé, jiāng
fonte (f) (sorgente)	泉，泉水	quán, quán shuǐ
letto (m) (~ del fiume)	河床	hé chuáng
bacino (m)	流域	liú yù
sfociare nel …	流入	liú rù
affluente (m)	支流	zhī liú
riva (f)	岸	àn
corrente (f)	水流	shuǐ liú
a valle	顺流而下	shùn liú ér xià
a monte	溯流而上	sù liú ér shàng
inondazione (f)	洪水	hóng shuǐ
piena (f)	水灾	shuǐ zāi
straripare (vi)	溢出	yì chū
inondare (vt)	淹没	yān mò
secca (f)	浅水	qiǎn shuǐ
rapida (f)	急流	jí liú
diga (f)	坝，堤坝	bà, dī bà
canale (m)	运河	yùn hé
bacino (m) di riserva	水库	shuǐ kù
chiusa (f)	水闸	shuǐ zhá
specchio (m) d'acqua	水体	shuǐ tǐ
palude (f)	沼泽	zhǎo zé
pantano (m)	烂泥塘	làn ní táng
vortice (m)	漩涡	xuàn wō
ruscello (m)	小溪	xiǎo xī

potabile (agg)	饮用的	yǐn yòng de
dolce (di acqua ~)	淡水的	dàn shuǐ de
ghiaccio (m)	冰	bīng
ghiacciarsi (vr)	封冻	fēng dòng

82. Nomi dei fiumi

Senna (f)	塞纳河	sènà hé
Loira (f)	卢瓦尔河	lúwǎěr hé
Tamigi (m)	泰晤士河	tàiwùshì hé
Reno (m)	莱茵河	láiyīn hé
Danubio (m)	多瑙河	duōnǎo hé
Volga (m)	伏尔加河	fúěrjiā hé
Don (m)	顿河	dùn hé
Lena (f)	勒拿河	lèná hé
Fiume (m) Giallo	黄河	huáng hé
Fiume (m) Azzurro	长江	chángjiāng
Mekong (m)	湄公河	méigōng hé
Gange (m)	恒河	héng hé
Nilo (m)	尼罗河	níluó hé
Congo (m)	刚果河	gāngguǒ hé
Okavango	奥卡万戈河	àokǎwàngē hé
Zambesi (m)	赞比亚河	zànbǐyà hé
Limpopo (m)	林波波河	línbōbō hé
Mississippi (m)	密西西比河	mìxīxībǐ hé

83. Foresta

foresta (f)	森林，树林	sēn lín, shù lín
forestale (agg)	树林的	shù lín de
foresta (f) fitta	密林	mì lín
boschetto (m)	小树林	xiǎo shù lín
radura (f)	林中草地	lín zhōng cǎo dì
roveto (m)	灌木丛	guàn mù cóng
boscaglia (f)	灌木林	guàn mù lín
sentiero (m)	小道	xiǎo dào
calanco (m)	冲沟	chōng gōu
albero (m)	树，乔木	shù, qiáo mù
foglia (f)	叶子	yè zi
fogliame (m)	树叶	shù yè
caduta (f) delle foglie	落叶	luò yè
cadere (vi)	凋落	diāo luò

cima (f)	树梢	shù shāo
ramo (m), ramoscello (m)	树枝	shù zhī
ramo (m)	粗树枝	cū shù zhī
gemma (f)	芽	yá
ago (m)	针叶	zhēn yè
pigna (f)	球果	qiú guǒ
cavità (f)	树洞	shù dòng
nido (m)	鸟窝	niǎo wō
tana (f) (del fox, ecc.)	洞穴，兽穴	dòng xué, shòu xué
tronco (m)	树干	shù gàn
radice (f)	树根	shù gēn
corteccia (f)	树皮	shùpí
musco (m)	苔藓	tái xiǎn
sradicare (vt)	根除	gēn chú
abbattere (~ un albero)	砍倒	kǎn dǎo
disboscare (vt)	砍伐森林	kǎn fá sēn lín
ceppo (m)	树桩	shù zhuāng
falò (m)	篝火	gōu huǒ
incendio (m) boschivo	森林火灾	sēn lín huǒ zāi
spegnere (vt)	扑灭	pū miè
guardia (f) forestale	护林员	hù lín yuán
protezione (f)	保护	bǎo hù
proteggere (~ la natura)	保护	bǎo hù
bracconiere (m)	偷猎者	tōu liè zhě
tagliola (f) (~ per orsi)	陷阱	xiàn jǐng
raccogliere (vt)	采集	cǎi jí
perdersi (vr)	迷路	mí lù

84. Risorse naturali

risorse (f pl) naturali	自然资源	zìrán zī yuán
minerali (m pl)	矿物	kuàng wù
deposito (m) (~ di carbone)	矿层	kuàng céng
giacimento (m) (~ petrolifero)	矿田	kuàng tián
estrarre (vt)	开采	kāi cǎi
estrazione (f)	采矿业	cǎi kuàng yè
minerale (m) grezzo	矿石	kuàng shí
miniera (f)	矿，矿山	kuàng, kuàng shān
pozzo (m) di miniera	矿井	kuàng jǐng
minatore (m)	矿工	kuàng gōng
gas (m)	煤气	méi qì
gasdotto (m)	煤气管道	méi qì guǎn dào
petrolio (m)	石油	shí yóu
oleodotto (m)	油管	yóu guǎn
torre (f) di estrazione	石油钻塔	shí yóu zuān tǎ

| torre (f) di trivellazione | 钻油塔 | zuān yóu tǎ |
| petroliera (f) | 油船，油轮 | yóu chuán, yóu lún |

sabbia (f)	沙，沙子	shā, shā zi
calcare (m)	石灰石	shí huī shí
ghiaia (f)	砾石	lì shí
torba (f)	泥煤	ní méi
argilla (f)	粘土	nián tǔ
carbone (m)	煤	méi

ferro (m)	铁	tiě
oro (m)	黄金	huáng jīn
argento (m)	银	yín
nichel (m)	镍	niè
rame (m)	铜	tóng

zinco (m)	锌	xīn
manganese (m)	锰	měng
mercurio (m)	水银	shuǐ yín
piombo (m)	铅	qiān

minerale (m)	矿物	kuàng wù
cristallo (m)	结晶	jié jīng
marmo (m)	大理石	dà lǐ shí
uranio (m)	铀	yóu

85. Tempo

tempo (m)	天气	tiān qì
previsione (f) del tempo	气象预报	qìxiàng yùbào
temperatura (f)	温度	wēn dù
termometro (m)	温度表	wēn dù biǎo
barometro (m)	气压表	qì yā biǎo

umidità (f)	空气湿度	kōng qì shī dù
caldo (m), afa (f)	炎热	yán rè
molto caldo (agg)	热的	rè de
fa molto caldo	天气热	tiān qì rè

| fa caldo | 天气暖 | tiān qì nuǎn |
| caldo, mite (agg) | 暖和的 | nuǎn huo de |

| fa freddo | 天气冷 | tiān qì lěng |
| freddo (agg) | 冷的 | lěng de |

sole (m)	太阳	tài yáng
splendere (vi)	发光	fā guāng
di sole (una giornata ~)	阳光充足的	yáng guāng chōng zú de
sorgere, levarsi (vr)	升起	shēng qǐ
tramontare (vi)	落山	luò shān

nuvola (f)	云	yún
nuvoloso (agg)	多云的	duō yún de
nube (f) di pioggia	乌云	wū yún

nuvoloso (agg)	阴沉的	yīn chén de
pioggia (f)	雨	yǔ
piove	下雨	xià yǔ
piovoso (agg)	雨 … ，多雨的	yǔ …, duō yǔ de
piovigginare (vi)	下毛毛雨	xià máo máo yǔ
pioggia (f) torrenziale	倾盆大雨	qīng pén dà yǔ
acquazzone (m)	暴雨	bào yǔ
forte (una ~ pioggia)	大 …	dà ...
pozzanghera (f)	水洼	shuǐ wā
bagnarsi (~ sotto la pioggia)	淋湿	lín shī
foschia (f), nebbia (f)	雾气	wù qì
nebbioso (agg)	多雾的	duō wù de
neve (f)	雪	xuě
nevica	下雪	xià xuě

86. Rigide condizioni metereologiche. Disastri naturali

temporale (m)	大雷雨	dà léi yǔ
fulmine (f)	闪电	shǎn diàn
lampeggiare (vi)	闪光	shǎn guāng
tuono (m)	雷，雷声	léi, léi shēng
tuonare (vi)	打雷	dǎ léi
tuona	打雷	dǎ léi
grandine (f)	雹子	báo zi
grandina	下冰雹	xià bīng báo
inondare (vt)	淹没	yān mò
inondazione (f)	洪水	hóng shuǐ
terremoto (m)	地震	dì zhèn
scossa (f)	震动	zhèn dòng
epicentro (m)	震中	zhèn zhōng
eruzione (f)	喷发	pèn fā
lava (f)	熔岩	róng yán
tromba (f) d'aria	旋风	xuànfēng
tornado (m)	龙卷风	lóng juàn fēng
tifone (m)	台风	tái fēng
uragano (m)	飓风	jù fēng
tempesta (f)	风暴	fēng bào
tsunami (m)	海啸	hǎi xiào
ciclone (m)	气旋	qì xuán
maltempo (m)	恶劣天气	è liè tiān qì
incendio (m)	火灾	huǒ zāi
disastro (m)	灾难	zāi nàn
meteorite (m)	陨石	yǔn shí
valanga (f)	雪崩	xuě bēng

slavina (f)	雪崩	xuě bēng
tempesta (f) di neve	暴风雪	bào fēng xuě
bufera (f) di neve	暴风雪	bào fēng xuě

FAUNA

87. Mammiferi. Predatori

predatore (m)	捕食者	bǔ shí zhě
tigre (f)	老虎	lǎo hǔ
leone (m)	狮子	shī zi
lupo (m)	狼	láng
volpe (m)	狐狸	húli
giaguaro (m)	美洲豹	měi zhōu bào
leopardo (m)	豹	bào
ghepardo (m)	猎豹	liè bào
pantera (f)	豹	bào
puma (f)	美洲狮	měi zhōu shī
leopardo (m) delle nevi	雪豹	xuě bào
lince (f)	猞猁	shē lì
coyote (m)	丛林狼	cóng lín láng
sciacallo (m)	豺	chái
iena (f)	鬣狗	liè gǒu

88. Animali selvatici

animale (m)	动物	dòng wù
bestia (f)	兽	shòu
scoiattolo (m)	松鼠	sōng shǔ
riccio (m)	刺猬	cì wei
lepre (f)	野兔	yě tù
coniglio (m)	家兔	jiā tù
tasso (m)	獾	huān
procione (f)	浣熊	huàn xióng
criceto (m)	仓鼠	cāng shǔ
marmotta (f)	土拨鼠	tǔ bō shǔ
talpa (f)	鼹鼠	yǎn shǔ
topo (m)	老鼠	lǎo shǔ
ratto (m)	大家鼠	dà jiā shǔ
pipistrello (m)	蝙蝠	biān fú
ermellino (m)	白鼬	bái yòu
zibellino (m)	黑貂	hēi diāo
martora (f)	貂	diāo
donnola (f)	银鼠	yín shǔ
visone (m)	水貂	shuǐ diāo

castoro (m)	海狸	hǎi lí
lontra (f)	水獭	shuǐ tǎ
cavallo (m)	马	mǎ
alce (m)	驼鹿	tuó lù
cervo (m)	鹿	lù
cammello (m)	骆驼	luò tuo
bisonte (m) americano	美洲野牛	měizhōu yěniú
bisonte (m) europeo	欧洲野牛	ōuzhōu yěniú
bufalo (m)	水牛	shuǐ niú
zebra (f)	斑马	bān mǎ
antilope (f)	羚羊	líng yáng
capriolo (m)	狍子	páo zi
daino (m)	扁角鹿	biǎn jiǎo lù
camoscio (m)	岩羚羊	yán líng yáng
cinghiale (m)	野猪	yě zhū
balena (f)	鲸	jīng
foca (f)	海豹	hǎi bào
tricheco (m)	海象	hǎi xiàng
otaria (f)	海狗	hǎi gǒu
delfino (m)	海豚	hǎi tún
orso (m)	熊	xióng
orso (m) bianco	北极熊	běi jí xióng
panda (m)	熊猫	xióng māo
scimmia (f)	猴子	hóu zi
scimpanzè (m)	黑猩猩	hēi xīng xing
orango (m)	猩猩	xīng xing
gorilla (m)	大猩猩	dà xīng xing
macaco (m)	猕猴	mí hóu
gibbone (m)	长臂猿	cháng bì yuán
elefante (m)	象	xiàng
rinoceronte (m)	犀牛	xī niú
giraffa (f)	长颈鹿	cháng jǐng lù
ippopotamo (m)	河马	hé mǎ
canguro (m)	袋鼠	dài shǔ
koala (m)	树袋熊	shù dài xióng
mangusta (f)	猫鼬	māo yòu
cincillà (f)	毛丝鼠	máo sī shǔ
moffetta (f)	臭鼬	chòu yòu
istrice (m)	箭猪	jiàn zhū

89. Animali domestici

gatta (f)	母猫	mǔ māo
gatto (m)	雄猫	xióng māo
cavallo (m)	马	mǎ

stallone (m)	公马	gōng mǎ
giumenta (f)	母马	mǔ mǎ
mucca (f)	母牛	mǔ niú
toro (m)	公牛	gōng niú
bue (m)	阉牛	yān niú
pecora (f)	羊, 绵羊	yáng, mián yáng
montone (m)	公绵羊	gōng mián yáng
capra (f)	山羊	shān yáng
caprone (m)	公山羊	gōng shān yáng
asino (m)	驴	lǘ
mulo (m)	骡子	luó zi
porco (m)	猪	zhū
porcellino (m)	小猪	xiǎo zhū
coniglio (m)	家兔	jiā tù
gallina (f)	母鸡	mǔ jī
gallo (m)	公鸡	gōng jī
anatra (f)	鸭子	yā zi
maschio (m) dell'anatra	公鸭子	gōng yā zi
oca (f)	鹅	é
tacchino (m)	雄火鸡	xióng huǒ jī
tacchina (f)	火鸡	huǒ jī
animali (m pl) domestici	家畜	jiā chù
addomesticato (agg)	驯化的	xùn huà de
addomesticare (vt)	驯化	xùn huà
allevare (vt)	饲养	sì yǎng
fattoria (f)	农场	nóng chǎng
pollame (m)	家禽	jiā qin
bestiame (m)	牲畜	shēng chù
branco (m), mandria (f)	群	qún
scuderia (f)	马厩	mǎ jiù
porcile (m)	猪圈	zhū jiàn
stalla (f)	牛棚	niú péng
conigliera (f)	兔舍	tù shè
pollaio (m)	鸡窝	jī wō

90. Uccelli

uccello (m)	鸟	niǎo
colombo (m), piccione (m)	鸽子	gē zi
passero (m)	麻雀	má què
cincia (f)	山雀	shān què
gazza (f)	喜鹊	xǐ què
corvo (m)	渡鸦	dù yā
cornacchia (f)	乌鸦	wū yā

taccola (f)	穴鸟	xué niǎo
corvo (m) nero	秃鼻乌鸦	tū bí wū yā
anatra (f)	鸭子	yā zi
oca (f)	鹅	é
fagiano (m)	野鸡	yě jī
aquila (f)	鹰	yīng
astore (m)	鹰，隼	yīng, sǔn
falco (m)	隼，猎鹰	sǔn, liè yīng
grifone (m)	秃鹫	tū jiù
condor (m)	神鹰	shén yīng
cigno (m)	天鹅	tiān é
gru (f)	鹤	hè
cicogna (f)	鹳	guàn
pappagallo (m)	鹦鹉	yīng wǔ
colibrì (m)	蜂鸟	fēng niǎo
pavone (m)	孔雀	kǒng què
struzzo (m)	鸵鸟	tuó niǎo
airone (m)	鹭	lù
fenicottero (m)	火烈鸟	huǒ liè niǎo
pellicano (m)	鹈鹕	tí hú
usignolo (m)	夜莺	yè yīng
rondine (f)	燕子	yàn zi
tordo (m)	田鸫	tián dōng
tordo (m) sasello	歌鸠	gē jiū
merlo (m)	乌鸫	wū dōng
rondone (m)	雨燕	yǔ yàn
allodola (f)	云雀	yún què
quaglia (f)	鹌鹑	ān chún
picchio (m)	啄木鸟	zhuó mù niǎo
cuculo (m)	布谷鸟	bù gǔ niǎo
civetta (f)	猫头鹰	māo tóu yīng
gufo (m) reale	雕号鸟	diāo hào niǎo
urogallo (m)	松鸡	sōng jī
fagiano (m) di monte	黑琴鸡	hēi qín jī
pernice (f)	山鹑	shān chún
storno (m)	椋鸟	liáng niǎo
canarino (m)	金丝雀	jīn sī què
francolino (m) di monte	花尾秦鸡	huā yǐ qín jī
fringuello (m)	苍头燕雀	cāng tóu yàn què
ciuffolotto (m)	红腹灰雀	hóng fù huī què
gabbiano (m)	海鸥	hǎi ōu
albatro (m)	信天翁	xìn tiān wēng
pinguino (m)	企鹅	qǐ é

91. Pesci. Animali marini

abramide (f)	鳊鱼	biān yú
carpa (f)	鲤鱼	lǐyú
perca (f)	鲈鱼	lú yú
pesce (m) gatto	鲶鱼	nián yú
luccio (m)	狗鱼	gǒu yú
salmone (m)	鲑鱼	guī yú
storione (m)	鲟鱼	xú nyú
aringa (f)	鲱鱼	fēi yú
salmone (m)	大西洋鲑	dà xī yáng guī
scombro (m)	鲭鱼	qīng yú
sogliola (f)	比目鱼	bǐ mù yú
lucioperca (f)	白梭吻鲈	bái suō wěn lú
merluzzo (m)	鳕鱼	xuě yú
tonno (m)	金枪鱼	jīn qiāng yú
trota (f)	鳟鱼	zūn yú
anguilla (f)	鳗鱼，鳝鱼	mán yú, shàn yú
torpedine (f)	电鳐目	diàn yáo mù
murena (f)	海鳝	hǎi shàn
piranha (f)	食人鱼	shí rén yú
squalo (m)	鲨鱼	shā yú
delfino (m)	海豚	hǎi tún
balena (f)	鲸	jīng
granchio (m)	螃蟹	páng xiè
medusa (f)	海蜇	hǎi zhē
polpo (m)	章鱼	zhāng yú
stella (f) marina	海星	hǎi xīng
riccio (m) di mare	海胆	hǎi dǎn
cavalluccio (m) marino	海马	hǎi mǎ
ostrica (f)	牡蛎	mǔ lì
gamberetto (m)	虾，小虾	xiā, xiǎo xiā
astice (m)	螯龙虾	áo lóng xiā
aragosta (f)	龙虾科	lóng xiā kē

92. Anfibi. Rettili

serpente (m)	蛇	shé
velenoso (agg)	有毒的	yǒu dú de
vipera (f)	蝮蛇	fù shé
cobra (m)	眼镜蛇	yǎn jìng shé
pitone (m)	蟒蛇	mǎng shé
boa (m)	大蟒蛇	dà mǎng shé
biscia (f)	水游蛇	shuǐ yóu shé

serpente (m) a sonagli	响尾蛇	xiǎng wěi shé
anaconda (f)	森蚺	sēn rán
lucertola (f)	蜥蜴	xī yì
iguana (f)	鬣鳞蜥	liè lín xī
varano (m)	巨蜥	jù xī
salamandra (f)	蝾螈	róng yuán
camaleonte (m)	变色龙	biàn sè lóng
scorpione (m)	蝎子	xiē zi
tartaruga (f)	龟	guī
rana (f)	青蛙	qīng wā
rospo (m)	蟾蜍	chán chú
coccodrillo (m)	鳄鱼	è yú

93. Insetti

insetto (m)	昆虫	kūn chóng
farfalla (f)	蝴蝶	hú dié
formica (f)	蚂蚁	mǎ yǐ
mosca (f)	苍蝇	cāng ying
zanzara (f)	蚊子	wén zi
scarabeo (m)	甲虫	jiǎ chóng
vespa (f)	黄蜂	huáng fēng
ape (f)	蜜蜂	mì fēng
bombo (m)	熊蜂	xióng fēng
tafano (m)	牛虻	niú méng
ragno (m)	蜘蛛	zhī zhū
ragnatela (f)	蜘蛛网	zhī zhū wǎng
libellula (f)	蜻蜓	qīng tíng
cavalletta (f)	蝗虫	huáng chóng
farfalla (f) notturna	蛾	é
scarafaggio (m)	蟑螂	zhāng láng
zecca (f)	壁虱	bì shī
pulce (f)	跳蚤	tiào zao
moscerino (m)	蠓	měng
locusta (f)	蝗虫	huáng chóng
lumaca (f)	蜗牛	wō niú
grillo (m)	蟋蟀	xī shuài
lucciola (f)	萤火虫	yíng huǒ chóng
coccinella (f)	瓢虫	piáo chóng
maggiolino (m)	大傈鳃角金龟	dà lì sāi jiǎo jīn guī
sanguisuga (f)	水蛭	shuǐ zhì
bruco (m)	毛虫	máo chóng
verme (m)	虫，蠕虫	chóng, rú chóng
larva (f)	幼虫	yòu chóng

FLORA

94. Alberi

albero (m)	树，乔木	shù, qiáo mù
deciduo (agg)	每年落叶的	měi nián luò yè de
conifero (agg)	针叶树	zhēn yè shù
sempreverde (agg)	常绿树	cháng lǜ shù
melo (m)	苹果树	píngguǒ shù
pero (m)	梨树	lí shù
ciliegio (m)	欧洲甜樱桃树	oūzhōu tián yīngtáo shù
amareno (m)	樱桃树	yīngtáo shù
prugno (m)	李树	lǐ shù
betulla (f)	白桦，桦树	bái huà, huà shù
quercia (f)	橡树	xiàng shù
tiglio (m)	椴树	duàn shù
pioppo (m) tremolo	山杨	shān yáng
acero (m)	枫树	fēng shù
abete (m)	枞树，杉树	cōng shù, shān shù
pino (m)	松树	sōng shù
larice (m)	落叶松	luò yè sōng
abete (m) bianco	冷杉	lěng shān
cedro (m)	雪松	xuě sōng
pioppo (m)	杨	yáng
sorbo (m)	花楸	huā qiū
salice (m)	柳树	liǔ shù
alno (m)	赤杨	chì yáng
faggio (m)	山毛榉	shān máo jǔ
olmo (m)	榆树	yú shù
frassino (m)	白腊树	bái là shù
castagno (m)	栗树	lì shù
magnolia (f)	木兰	mù lán
palma (f)	棕榈树	zōng lǘ shù
cipresso (m)	柏树	bǎi shù
baobab (m)	猴面包树	hóu miàn bāo shù
eucalipto (m)	桉树	ān shù
sequoia (f)	红杉	hóng shān

95. Arbusti

cespuglio (m)	灌木	guàn mù
arbusto (m)	灌木	guàn mù

vite (f)	葡萄	pú tao
vigneto (m)	葡萄园	pú táo yuán
lampone (m)	悬钩栗	xuán gōu lì
ribes (m) rosso	红醋栗	hóng cù lì
uva (f) spina	醋栗	cù lì
acacia (f)	金合欢	jīn hé huān
crespino (m)	小檗	xiǎo bò
gelsomino (m)	茉莉	mò li
ginepro (m)	刺柏	cì bǎi
roseto (m)	玫瑰丛	méi guī cóng
rosa (f) canina	犬蔷薇	quǎn qiáng wēi

96. Frutti. Bacche

mela (f)	苹果	píng guǒ
pera (f)	梨	lí
prugna (f)	李子	lǐ zi
fragola (f)	草莓	cǎo méi
amarena (f)	樱桃	yīngtáo
ciliegia (f)	欧洲甜樱桃	oūzhōu tián yīngtáo
uva (f)	葡萄	pú tao
lampone (m)	覆盆子	fù pén zi
ribes (m) nero	黑醋栗	hēi cù lì
ribes (m) rosso	红醋栗	hóng cù lì
uva (f) spina	醋栗	cù lì
mirtillo (m) di palude	小红莓	xiǎo hóng méi
arancia (f)	橙子	chén zi
mandarino (m)	橘子	jú zi
ananas (m)	菠萝	bō luó
banana (f)	香蕉	xiāng jiāo
dattero (m)	海枣	hǎi zǎo
limone (m)	柠檬	níng méng
albicocca (f)	杏子	xìng zi
pesca (f)	桃子	táo zi
kiwi (m)	猕猴桃	mí hóu táo
pompelmo (m)	葡萄柚	pú tao yòu
bacca (f)	浆果	jiāng guǒ
bacche (f pl)	浆果	jiāng guǒ
mirtillo (m) rosso	越橘	yuè jú
fragola (f) di bosco	草莓	cǎo méi
mirtillo (m)	越橘	yuè jú

97. Fiori. Piante

| fiore (m) | 花 | huā |
| mazzo (m) di fiori | 花束 | huā shù |

rosa (f)	玫瑰	méi guī
tulipano (m)	郁金香	yù jīn xiāng
garofano (m)	康乃馨	kāng nǎi xīn
gladiolo (m)	唐菖蒲	táng chāng pú
fiordaliso (m)	矢车菊	shǐ chē jú
campanella (f)	风铃草	fēng líng cǎo
soffione (m)	蒲公英	pú gōng yīng
camomilla (f)	甘菊	gān jú
aloe (m)	芦荟	lúhuì
cactus (m)	仙人掌	xiān rén zhǎng
ficus (m)	橡胶树	xiàng jiāo shù
giglio (m)	百合花	bǎi hé huā
geranio (m)	天竺葵	tiān zhú kuí
giacinto (m)	风信子	fēng xìn zǐ
mimosa (f)	含羞草	hán xiū cǎo
narciso (m)	水仙	shuǐ xiān
nasturzio (m)	旱金莲	hàn jīn lián
orchidea (f)	兰花	lán huā
peonia (f)	芍药	sháo yao
viola (f)	紫罗兰	zǐ luó lán
viola (f) del pensiero	三色堇	sān sè jǐn
nontiscordardimé (m)	勿忘草	wù wàng cǎo
margherita (f)	雏菊	chú jú
papavero (m)	罂粟	yīng sù
canapa (f)	大麻	dà má
menta (f)	薄河	bó hé
mughetto (m)	铃兰	líng lán
bucaneve (m)	雪花莲	xuě huā lián
ortica (f)	荨麻	qián má
acetosa (f)	酸模	suān mó
ninfea (f)	睡莲	shuì lián
felce (f)	蕨	jué
lichene (m)	地衣	dì yī
serra (f)	温室	wēn shì
prato (m) erboso	草坪	cǎo píng
aiuola (f)	花坛，花圃	huā tán, huā pǔ
pianta (f)	植物	zhí wù
erba (f)	草	cǎo
filo (m) d'erba	叶片	yè piàn
foglia (f)	叶子	yè zi
petalo (m)	花瓣	huā bàn
stelo (m)	茎	jīng
tubero (m)	块茎	kuài jīng
germoglio (m)	芽	yá

spina (f)	刺	cì
fiorire (vi)	开花	kāi huā
appassire (vi)	枯萎	kū wěi
odore (m), profumo (m)	香味	xiāng wèi
tagliare (~ i fiori)	切	qiē
cogliere (vt)	采，摘	cǎi, zhāi

98. Cereali, granaglie

grano (m)	谷物	gǔ wù
cereali (m pl)	谷类作物	gǔ lèi zuò wù
spiga (f)	穗	suì
frumento (m)	小麦	xiǎo mài
segale (f)	黑麦	hēi mài
avena (f)	燕麦	yàn mài
miglio (m)	粟，小米	sù, xiǎo mǐ
orzo (m)	大麦	dàmài
mais (m)	玉米	yù mǐ
riso (m)	稻米	dào mǐ
grano (m) saraceno	荞麦	qiáo mài
pisello (m)	豌豆	wān dòu
fagiolo (m)	四季豆	sì jì dòu
soia (f)	黄豆	huáng dòu
lenticchie (f pl)	兵豆	bīng dòu
fave (f pl)	豆子	dòu zi

PAESI

99. Paesi. Parte 1

Afghanistan (m)	阿富汗	āfùhàn
Albania (f)	阿尔巴尼亚	āěrbāníyà
Arabia Saudita (f)	沙特阿拉伯	shātè ālābó
Argentina (f)	阿根廷	āgēntíng
Armenia (f)	亚美尼亚	yàmēiníyà
Australia (f)	澳大利亚	àodàlìyà
Austria (f)	奥地利	àodìlì
Azerbaigian (m)	阿塞拜疆	āsàibàijiāng
Le Bahamas	巴哈马群岛	bāhāmǎ qúndǎo
Bangladesh (m)	孟加拉国	mèngjiālāguó
Belgio (m)	比利时	bǐlìshí
Bielorussia (f)	白俄罗斯	báiéluósī
Birmania (f)	缅甸	miǎndiàn
Bolivia (f)	玻利维亚	bōliwéiyà
Bosnia-Erzegovina (f)	波斯尼亚和黑塞哥维那	bōsīníyà hé hēisègēwéinà
Brasile (m)	巴西	bāxī
Bulgaria (f)	保加利亚	bǎojiālìyà
Cambogia (f)	柬埔寨	jiǎnpǔzhài
Canada (m)	加拿大	jiānádà
Cile (m)	智利	zhìlì
Cina (f)	中国	zhōngguó
Cipro (m)	塞浦路斯	sàipǔlùsī
Colombia (f)	哥伦比亚	gēlúnbǐyà
Corea (f) del Nord	北朝鲜	běicháoxiǎn
Corea (f) del Sud	韩国	hánguó
Croazia (f)	克罗地亚	kèluódìyà
Cuba (f)	古巴	gǔbā
Danimarca (f)	丹麦	dānmài
Ecuador (m)	厄瓜多尔	èguāduōěr
Egitto (m)	埃及	āijí
Emirati (m pl) Arabi	阿联酋	ēliánqiú
Estonia (f)	爱沙尼亚	àishāníyà
Finlandia (f)	芬兰	fēnlán
Francia (f)	法国	fǎguó

100. Paesi. Parte 2

Georgia (f)	格鲁吉亚	gélǔjíyà
Germania (f)	德国	dé guó
Ghana (m)	加纳	jiā nà
Giamaica (f)	牙买加	yámǎijiā

Giappone (m)	日本	rìběn
Giordania (f)	约旦	yuēdàn
Gran Bretagna (f)	大不列颠	dàbùlièdiān
Grecia (f)	希腊	xīlà
Haiti (m)	海地	hǎidì
India (f)	印度	yìndù
Indonesia (f)	印度尼西亚	yìndùníxīyà
Inghilterra (f)	英国	yīngguó
Iran (m)	伊朗	yīlǎng
Iraq (m)	伊拉克	yīlākè
Irlanda (f)	爱尔兰	aiěrlán
Islanda (f)	冰岛	bīngdǎo
Israele (m)	以色列	yǐsèliè
Italia (f)	意大利	yìdàlì
Kazakistan (m)	哈萨克斯坦	hāsàkèsītǎn
Kenya (m)	肯尼亚	kěn ní yà
Kirghizistan (m)	吉尔吉斯	jíěrjísī
Kuwait (m)	科威特	kēwēitè
Laos (m)	老挝	lǎowō
Lettonia (f)	拉脱维亚	lātuōwéiyà
Libano (m)	黎巴嫩	líbānèn
Libia (f)	利比亚	lìbǐyà
Liechtenstein (m)	列支敦士登	lièzhīdūnshìdēng
Lituania (f)	立陶宛	lìtáowǎn
Lussemburgo (m)	卢森堡	lúsēnbǎo
Macedonia (f)	马其顿	mǎqídùn
Madagascar (m)	马达加斯加	mǎdájiāsījiā
Malesia (f)	马来西亚	mǎláixīyà
Malta (f)	马耳他	mǎěrtā
Marocco (m)	摩洛哥	móluògē
Messico (m)	墨西哥	mòxīgē
Moldavia (f)	摩尔多瓦	móěrduōwǎ
Monaco (m)	摩纳哥	mónàgē
Mongolia (f)	蒙古	ménggǔ
Montenegro (m)	黑山	hēishān
Namibia (f)	纳米比亚	nàmǐbǐyà
Nepal (m)	尼泊尔	níbóěr
Norvegia (f)	挪威	nuówēi
Nuova Zelanda (f)	新西兰	xīnxīlán

101. Paesi. Parte 3

Paesi Bassi (m pl)	荷兰	hélán
Pakistan (m)	巴基斯坦	bājīsītǎn
Palestina (f)	巴勒斯坦	bālèsītǎn
Panama (m)	巴拿马	bānámǎ
Paraguay (m)	巴拉圭	bālāguī
Perù (m)	秘鲁	bìlǔ
Polinesia (f) Francese	法属波利尼西亚	fǎshǔ bōlìníxīyà

Polonia (f)	波兰	bōlán
Portogallo (f)	葡萄牙	pútáoyá
Repubblica (f) Ceca	捷克共和国	jiékè gònghéguó
Repubblica (f) Dominicana	多米尼加共和国	duōmǐníjiāgònghéguó
Repubblica (f) Sudafricana	南非	nánfēi
Romania (f)	罗马尼亚	luómǎníyà
Russia (f)	俄罗斯	éluósī
Scozia (f)	苏格兰	sūgélán
Senegal (m)	塞内加尔	sàinèijiāěr
Serbia (f)	塞尔维亚	sāiěrwéiyà
Siria (f)	叙利亚	xùlìyà
Slovacchia (f)	斯洛伐克	sīluòfákè
Slovenia (f)	斯洛文尼亚	sīluòwénníyà
Spagna (f)	西班牙	xībānyá
Stati (m pl) Uniti d'America	美国	měiguó
Suriname (m)	苏里南	sūlǐnán
Svezia (f)	瑞典	ruìdiǎn
Svizzera (f)	瑞士	ruìshì
Tagikistan (m)	塔吉克斯坦	tǎjíkèsītǎn
Tailandia (f)	泰国	tàiguó
Taiwan (m)	台湾	táiwān
Tanzania (f)	坦桑尼亚	tǎnsāngníyà
Tasmania (f)	塔斯马尼亚	tǎsīmǎníyà
Tunisia (f)	突尼斯	tūnísī
Turchia (f)	土耳其	tǔěrqí
Turkmenistan (m)	土库曼斯坦	tǔkùmànsītǎn
Ucraina (f)	乌克兰	wūkèlán
Ungheria (f)	匈牙利	xiōngyálì
Uruguay (m)	乌拉圭	wūlāguī
Uzbekistan (m)	乌兹别克斯坦	wūzībiékèsītǎn
Vaticano (m)	梵蒂冈	fàndìgāng
Venezuela (f)	委内瑞拉	wěinèiruìlā
Vietnam (m)	越南	yuènán
Zanzibar	桑给巴尔	sāngjǐbāěr

Made in the USA
Las Vegas, NV
06 February 2025

17535841R00056